W0191290

Martin Hassel

Fit für die Apothekenführung

Ein Praxisbuch für Einsteiger, Existenzgründer und Filialleiter

Unter Mitarbeit von Ute Heckelmann und Matthias Sabel

Martin Hassel

Fit für die Apothekenführung

**Ein Praxisbuch
für Einsteiger,
Existenzgründer
und Filialleiter**

Unter Mitarbeit von Ute Heckelmann und Matthias Sabel

Bibliografische Information der Deutschen Bibliothek

Die Deutsche Bibliothek verzeichnet diese Publikation in der Deutschen Nationalbibliografie; detaillierte bibliografische Daten sind im Internet über hhtp://dnb.ddb.de abrufbar.

ISBN 978-3-7741-1071-7

Die Ratschläge und Hinweise in den jeweiligen Kapiteln erheben keinen Anspruch auf Allgemeingültigkeit. Das Buch ist ausdrücklich nicht geeignet, eine qualifizierte Beratung durch z. B. Steuerberater, Vermögensberater oder Wertgutachter zu ersetzen. Jede Form der Haftung, die sich durch Rückschlüsse aus den Empfehlungen und Angaben im Buch ergeben, ist ausgeschlossen.

Das Werk verwendet aus Gründen der besseren Lesbarkeit bei Bezeichnungen, bei denen es sowohl eine weibliche als auch eine männliche Form gibt, immer nur eine Form. Die Verwendung ist geschlechtsneutral und beinhaltet keine Diskriminierung der nicht verwendeten Form.

Titelbild: pixelio.de
Druck und Verarbeitung: fgb freiburger graphische betriebe, Freiburg

Printed in Germany

Inhalt

Vorwort

Die Apotheke ist einer der Hauptleistungserbringer im Gesundheitsmarkt. Dieser ist wesentlich von der gesetzlichen Krankenversicherung (GKV) geprägt, sodass die durchschnittliche Apotheke überwiegend von Einnahmen abhängig ist, die aus GKV-Rezepten resultieren. Insofern ergibt sich für den Apotheker einerseits ein wirtschaftliches Tätigwerden als Kaufmann und Freiberufler, andererseits geschieht dieses Tätigwerden in einem gesetzlich geregelten und kontrollierten Markt.

Etwa 85 Prozent der Approbierten arbeiteten 2007 in öffentlichen Apotheken. Dies verdeutlicht, dass sich der weitaus größte Teil der Pharmaziestudenten für die Inhaberschaft oder die Tätigkeit in einer Apotheke entscheidet. Die restlichen 15 Prozent sind überwiegend in Krankenhäusern, der pharmazeutischen Industrie, Behörden und Universitäten beschäftigt.

Dieses Buch richtet sich vornehmlich an den selbstständigen Apotheker und den, der es werden möchte. Wann lohnt sich eine eigene Apotheke? Wie sichere ich mich als Selbstständiger in der heutigen Zeit ab? Wie plane ich die Selbstständigkeit und wie finde ich eine geeignete Apotheke? Wen frage ich um Rat?

Die Autoren lassen ihre Erfahrungswerte, die auf der wirtschaftlichen, steuerlichen und rechtlichen Betreuung vieler Apotheker beruhen, strukturiert in insgesamt acht Kapitel einfließen. Schritt für Schritt werden wesentliche Punkte besprochen, die es bis zur Eröffnung einer eigenen Apotheke und in den ersten Jahren danach zu beachten gilt. Das Planen einer Erfolg versprechenden Selbstständigkeit beginnt schon vor der eigentlichen Gründung oder Übernahme des Geschäfts, und die Finanzierung der Investitionen muss wohl überlegt sein. Das Buch gibt wichtige Tipps für die ersten Geschäftsjahre und umreißt die betriebswirtschaftlichen Grundlagen, die Sie als Vollkaufmann beherrschen sollten. Eine gute Mitarbeiterführung und ein zielgruppengerechtes Marketing sind ebenfalls Chefsache.

Mein besonderer Dank gilt Frau Steuerberaterin Ute Heckelmann und Herrn Dipl.-Betriebswirt (FH) und Gesundheitsökonom Matthias Sabel, die maßgeblich bei der Erstellung des Manuskripts mitgewirkt haben. Herrn Rechtsanwalt Joachim Villwock danke ich herzlich für die konstruktiven Anregungen und nicht zuletzt das Korrekturlesen.

Martin Hassel, im Februar 2008

1 Vor der Selbstständigkeit

1.1 Der Markt für die Apotheke

Wie jedes Einzelhandelsgeschäft ist die Apotheke abhängig von dem im Markt zu erzielenden Umsatz. Dieser ist größtenteils von den zulasten der gesetzlichen Krankenkassen eingelösten Verordnungen abhängig, jedoch auch von Kunden, die Privatrezepte einlösen oder OTC (Over the Counter)-Arzneimittel beziehungsweise Freiwahlprodukte kaufen. Das Gesamtvolumen des Apothekenumsatzes betrug 2006 34,9 Milliarden Euro und stagniert damit das erste Mal seit Langem leicht, was vor allem auf die Auswirkungen des Arzneimittelversorgungs-Wirtschaftlichkeitsgesetzes (AVWG) zurückzuführen ist, das zum 1. Mai 2006 in Kaft trat (Tabelle 1).

Jahr	Apothekenumsatz in Mrd. Euro ohne MwSt.	Zuwachs in Prozent
2000	27,33	4.9
2001	29,40	7.6
2002	30,60	4.1
2003	32,08	4.8
2004	32,01	- 0,2
2005*	35,00	9.3
2006*	34,90	- 0.3

* vorläufig

Tab. 1: Gesamtvolumen des Apothekenumsatzes. Quelle: ABDA – Bundesvereinigung Deutscher Apothekerverbände

Der Umsatz entspricht 1,51 Milliarden Arzneimittelpackungen, die 2006 von den Apotheken abgegeben wurden. Hiervon entfielen auf den verschreibungspflichtigen Bereich 686 Millionen Packungen, also ein Anteil von 45,5 Prozent, und auf den apothekenpflichtigen Arzneimittelbereich 751 Millionen Packungen, das entspricht 49,7 Prozent. Die restlichen 4,8 Prozent entfielen auf freiverkäufliche Arzneimittel. Von den apothekenpflichtigen Medikamenten wurden 148 Millionen Packungen verordnet, das sind 9,8 Prozent aller abgegebenen Packungen. 676 Millionen Packungen wurden im Rahmen der Selbstmedikation abgegeben und 834 Millionen aufgrund von Verordnungen (GKV, PKV und sonstige). Somit stieg 2006 der Anteil der Selbstmedikation immerhin auf 44,5 Prozent des gesamten Apothekenumsatzes (alle Zahlen: ABDA). Abbildung 1 zeigt die Umsatzstruktur, die sich daraus ergibt.

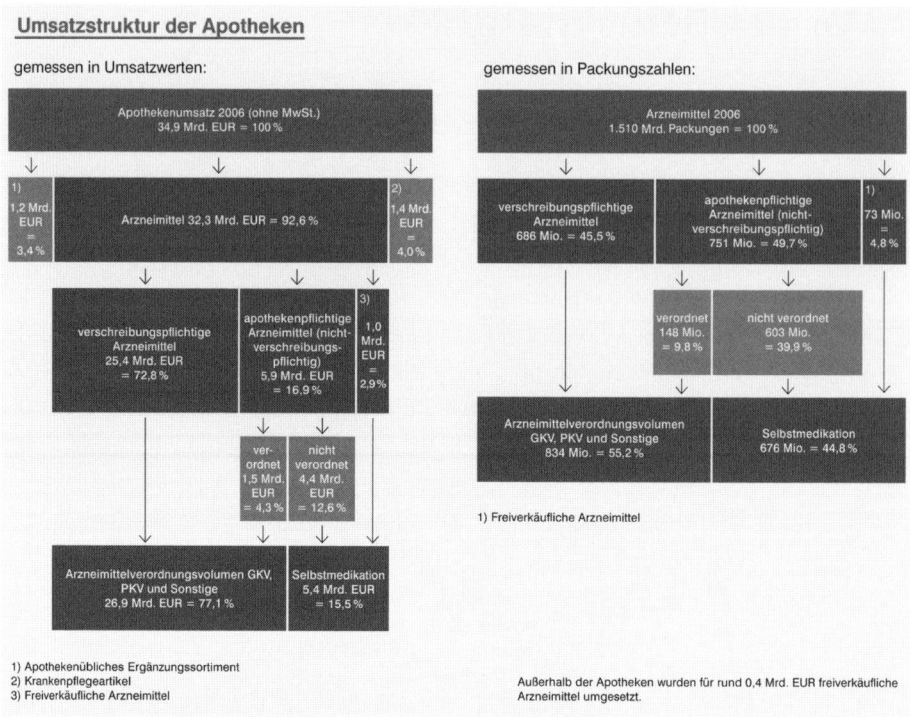

Abb. 1: Umsatzstruktur der Apotheken. Quelle: ABDA – Bundesvereinigung Deutscher Apothekerverbände

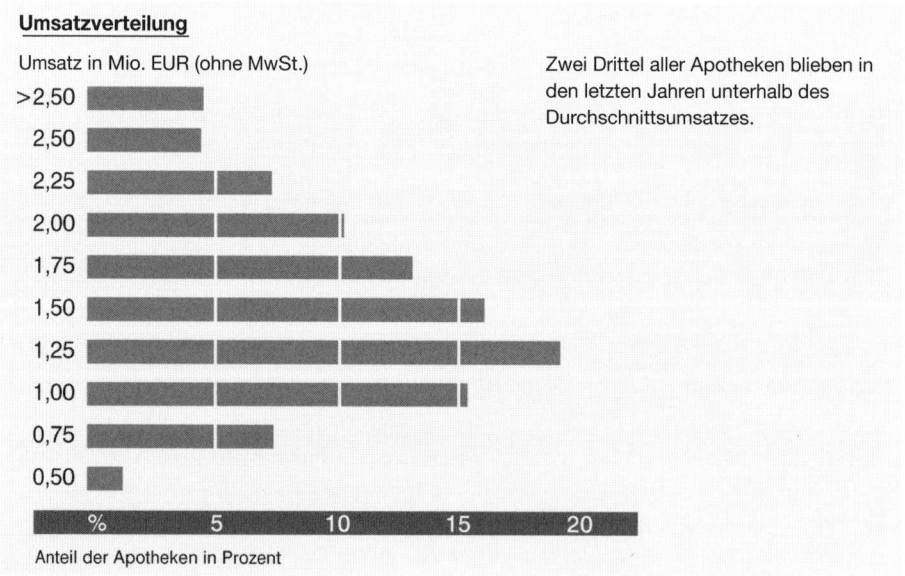

Abb. 2: Umsatzverteilung der Apotheken. Quelle: ABDA – Bundesvereinigung Deutscher Apothekerverbände

Im Jahr 2006 wurden demnach 92,6 Prozent des Apothekenumsatzes durch Arznei-mittel erwirtschaftet. Im Vergleich zu der kontinuierlichen Steigerung des Durch-schnittsumsatzes einer Apotheke in den vergangenen Jahren verursachte das AVWG auch hier eine Stagnation (Tabelle 2).

Jahr	2000	2001	2002	2003	2004	2005*	2006*
Mio	1,260	1,355	1,444	1,506	1,496	1,630	1,619

*vorläufig

Tab. 2: Durchschnittlicher Umsatz einer Apotheke. Quelle: ABDA – Bundesvereinigung Deut-scher Apothekerverbände

Jedoch blieben zwei Drittel aller Apotheken in den letzten Jahren unterhalb des durch-schnittlichen Umsatzes, wie die Abbildung 2 zeigt.

Apothekendichte in den Ländern

Bundesland	öffentliche Apotheken 2006	darunter: Filial-apotheken	darunter: Einzel-apotheken*
Baden-Württemberg	2.783	225	2.558
Bayern	3.419	294	3.125
Berlin	873	83	790
Brandenburg	556	74	482
Bremen	175	14	161
Hamburg	464	35	429
Hessen	1.631	126	1.505
Mecklenburg-Vorpommern	398	36	362
Niedersachsen	2.119	175	1.944
Nordrhein	2.522	174	2.348
Westfalen-Lippe	2.243	193	2.050
Rheinland-Pfalz	1.137	56	1.081
Saarland	351	20	331
Sachsen	976	123	853
Sachsen-Anhalt	614	73	541
Schleswig-Holstein	720	36	684
Thüringen	570	59	511
Insgesamt	21.551	1.796	19.755

Angaben jeweils Jahresende   *Apotheken mit Betriebserlaubnis nach § 2 Abs.1 Apothekengesetz

Tab. 3: Die Apothekendichte in den Bundesländern. Quelle: ABDA – Bundes-vereinigung Deutscher Apothekerverbände

Zu unterscheiden ist diesbezüglich auch zwischen Apotheken in den alten und neuen Bundesländern (Tabelle 3). Letztere erwirtschaften häufig einen höheren Umsatz als die Apotheken in den alten Bundesländern. Allerdings enthält der Apothekenumsatz in den neuen Bundesländern höhere GKV-Rezeptumsätze.

Bei Betrachtung der Apothekenzahl pro Einwohnerzahl ergibt sich, dass die tatsächliche Apothekenzahl seit dem Jahr 1998 insgesamt stagniert, obwohl die Zahl der Filialapotheken seit 2004 stetig zugelegt hat (Tabelle 4).

Entwicklung der Apothekenzahl

	1998	1999	2000	2001	2002	2003	2004	2005	2006
Apothekenzahl inkl. Filialapotheken	21.556	21.590	21.592	21.569	21.465	21.305	21.392	21.476	21.551
Filialapotheken	–	–	–	–	–	–	632	1.228	1.796
Neugründungen	257	191	187	186	140	122	343	326	346
Schließungen	158	157	185	209	244	282	256	242	271
Apothekenvermehrung	99	34	2	−23	−104	−160	87	84	75

Angaben jeweils Jahresende

Tab. 4: **Entwicklung der Apothekenzahl. Quelle: ABDA – Bundesvereinigung Deutscher Apothekerverbände**

Trotz Niederlassungsfreiheit bleibt die Zahl der Apotheken relativ konstant. Auffällig ist zudem, dass die jährliche Zahl der Neugründungen gering bleibt. Dies ist vor allem darin begründet, dass die Neugründung einer Apotheke in einem gesättigten Markt relativ risikoreich ist. Ausgehend von den oben dargestellten Zahlen stellt sich nun für Sie als Apotheker die Frage, ob Sie sich in die Selbstständigkeit begeben oder als angestellter Apotheker oder Filialapothekenleiter tätig bleiben wollen. Hierfür ist von entscheidender Bedeutung, ob sich der Schritt in die Selbstständigkeit lohnt.

1.2 Lohnt sich der Schritt in die Selbstständigkeit?

Die Frage, ob die Selbstständigkeit für Apotheker empfehlenswert ist, kann nicht pauschal beantwortet werden. Oft spielen auch persönliche Gründe dabei eine Rolle. Beim Abwägen des Für und Wider kann der Vergleich eines selbstständigen Apothekers, der eine Durchschnittsapotheke betreibt, mit einem angestellten Apotheker hilfreich sein. Als angestellter Apotheker sind Sie gegen das Risiko der Arbeitslosigkeit, Krankheit und Pflegebedürftigkeit durch die Arbeitslosen-, Kranken- und Pflegeversicherung abgesichert. Zudem sind Sie aufgrund Ihrer Pflichtmitgliedschaft im Versorgungswerk in der Lage, sich eine Altersversorgung aufzubauen. Sie sind durch das Arbeitsrecht abgesichert und müssen lediglich mit dem Risiko einer betriebsbedingten Kündigung rechnen.

Der Schritt in die Selbstständigkeit bedeutet zunächst den Verlust dieser geschützten Angestelltenposition. Sie sind als Selbstständiger für Ihr eigenes Wohl und Weh verantwortlich. Sie können das Risiko einer Insolvenz nicht vollständig absichern. Als Selbstständiger tragen Sie das unternehmerische Risiko, das Sie während Ihres gesamten Berufslebens begleiten wird. Insofern sollten Sie den Schritt in die Selbstständigkeit nur dann vollziehen, wenn sich Ihr Einkommen dadurch erheblich erhöht.

BEISPIEL

A ist angestellte Apothekerin in der Markt-Apotheke und verdient dort ein Bruttojahresgehalt in Höhe von 43 000 Euro (inklusive Arbeitgeberanteile: 53 000 Euro). Dies entspricht in etwa einem Tarifgehalt zuzüglich 15 Prozent der ersten Berufsjahrstufe des Bundesrahmentarifvertrages für Apothekenmitarbeiter. A kauft schließlich die Markt-Apotheke von der Eigentümerin und zahlt hierfür inklusive Warenlager einen Kaufpreis in Höhe von 300 000 Euro. Die Markt-Apotheke erzielt einen Umsatz von 1,5 Millionen Euro und eine Rendite von 120 000 Euro. Dies entspricht in etwa den Werten einer Durchschnittsapotheke.

Der Gewinn vor Steuern in Höhe von 120 000 Euro ist, wenn auch sehr grob, durchaus mit dem Bruttogehalt inklusive Arbeitgeberanteile vergleichbar. Dieser erste Näherungswert zeigt, dass sich finanziell der Schritt in die Selbstständigkeit lohnt. Zu berücksichtigen ist allerdings, dass der Kaufpreis einer Apotheke in den meisten Fällen über eine Darlehensaufnahme finanziert wird. Dieses Darlehen ist zurückzuführen und ergibt neben dem unternehmerischen Risiko eine weitere, konkrete finanzielle Belastung für die ersten Geschäftsjahre.

Der etwas hinkende Vergleich zwischen einem Angestellten und Selbstständigen soll nur einen ersten Anhaltspunkt liefern. Wie sich die finanzielle Situation durch den Schritt in die Selbstständigkeit entwickelt, muss anhand der konkreten Apotheke mit einem Businessplan beziehungsweise einer Liquiditätsberechnung ausgerechnet werden (siehe Kapitel 2 und 3). Eines sollten Sie jedoch zusätzlich berücksichtigen: Mit dem Schritt in die Selbstständigkeit wird sich die tariflich vorgegebene 40-Stunden-Woche erledigt haben. Die Führung einer selbstständigen Apotheke erfordert einen weitaus höheren Arbeitseinsatz. Dafür arbeiten Sie hier für Ihr eigenes Geschäft!

1.3 Persönliche Absicherung und Versicherungen

Ein wichtiger Aspekt der Selbstständigkeit liegt darin, sich persönlich gegen die Risiken von Krankheit und Arbeitsunfähigkeit abzusichern.

Die **Krankenversicherung** wurde Ihnen als Angestelltem bereits vom Gehalt abgezogen, sofern Sie in einer gesetzlichen Krankenversicherung versichert waren. Durch das GKV-Wettbewerbsstärkungsgesetz, das am 1. April 2007 in Kraft trat, ist geregelt, dass sich auch ein Selbstständiger verpflichtend krankenversichern muss. In der Regel wird dies jedoch in einer privaten Krankenversicherung erfolgen. Hierbei können Sie zwischen den Anbietern auf dem Markt wählen und individuell das günstigste Paket zusammenstellen. Üblicherweise ist eine private Krankenversicherung für einen jungen Menschen recht günstig. Allerdings sollten Sie beachten, dass sich dies mit zunehmendem Alter ändert. Obwohl die privaten Krankenversicherer gesetzlich verpflichtet sind, Altersrückstellungen zu bilden, kann hier durch einen Zusatztarif die Altersrückstellung noch weiter erhöht werden. Hierdurch zahlen Sie im Alter geringere Beiträge. Möglich ist im Übrigen eine freiwillige Weiterversicherung in einer gesetzlichen Krankenversicherung. Dieser Weg wird häufig dann gewählt, wenn eine private Krankenversicherung durch individuelle Risikozuschläge (Vorerkrankungen oder Ähnliches) zu teuer oder überhaupt nicht zu erlangen ist. Gesetzliche Krankenversicherer bieten den Vorteil, Kinder kostenlos mitzuversichern. In der privaten Krankenversicherung müssen Kinder zusätzlich versichert werden.

Wie Sie sich auch entscheiden: Die Kosten für eine Krankenversicherung und Pflegeversicherung tragen Sie selbst. Sie sollten diese daher miteinrechnen. Geradezu ein Muss ist die Absicherung gegen **Erwerbsminderung oder Berufsunfähigkeit**. Sie müssen dieses Risiko besonders in den ersten Jahren Ihrer Selbstständigkeit adäquat absichern. Zunächst sollten Sie abklären, welchen Schutz Sie in dieser Hinsicht von einem berufsständischen Versorgungswerk zu erwarten haben. Oftmals sind Berufsunfähigkeit oder Erwerbsminderung mitversichert. Ansonsten sollte dieser Versicherungsschutz privat dazugekauft werden, entweder in Form einer Lebensversicherung mit Berufsunfähigkeitsschutz oder mit einer Risikoversicherung.

Das Risiko der Arbeitslosigkeit kann von Ihnen als Selbstständiger neuerdings ebenfalls mitversichert werden. Allerdings ist diese freiwillige Arbeitslosenversicherung im Apothekenbereich sicherlich nicht sehr relevant.

Von größerer Bedeutung ist die **Altersvorsorge**, die Sie sich als Selbstständiger aufbauen müssen. Eine Grundabsicherung erfolgt durch das berufsständische Versorgungswerk, in dem Sie häufig bereits als Angestellter Pflichtmitglied waren. Nach den Satzungen der meisten Versorgungswerke werden Anwartschaften, die Sie als angestellter Apotheker erworben haben, bei der späteren Rente mitberücksichtigt. Die Beitragshöhe richtet sich ebenfalls nach der Satzung des Versorgungswerks. In der Regel beträgt der Höchstbeitrag 19,9 Prozent der Rentenversicherungspflichtgrenze. Es ist empfehlenswert, sich mit den Satzungen des jeweiligen Versorgungswerks genau auseinanderzusetzen. Das Versorgungswerk stellt den wichtigsten Teil Ihrer Altersvorsorge dar. Hier sollten Sie sich auskennen. Wichtige Fragen sind, ab wann Sie Leistungen aus dem

Versorgungswerk beziehen können, welchen Verrentungsfaktor die eingezahlten Beiträge haben und welche Wahlmöglichkeiten Sie bei der Beitragshöhe eventuell haben. In einigen Versorgungswerken können Sie heute im Alter von 60 Jahren Leistungen beziehen und gleichzeitig weiter die Apotheke betreiben.

Letztlich stellen die Versorgungswerke aber nur eine Säule der Altersvorsorge dar. Heutzutage sollte sich jeder eine zusätzliche Altersvorsorge aufbauen. Am Markt sind viele unterschiedliche Modelle vertreten, die je nach individueller Familiensituation, dem gewünschten Aufwand pro Jahr und der vielleicht aufzufüllenden Versorgungslücke sinnvoll sind. Ob Sie sich durch eine Rürup-Rente, eine Riester-Rente, Lebensversicherungen, Immobilieneigentum oder Aktien für das Alter absichern, ist Geschmacksfrage. Sie sollten jedoch niemals den Wert Ihrer Apotheke für die Altersversorgung einplanen! Niemand kann Ihnen garantieren, dass Ihre Apotheke in dem sich schnell wandelnden Gesundheitsmarkt überhaupt noch einen Wert besitzt, wenn Sie in Rente gehen möchten.

Um sich zusätzlich abzusichern, brauchen Sie noch weitere Versicherungen. Zunächst ist eine **Krankentagegeldversicherung** zu nennen. Diese zählt zu den privaten Versicherungen und sichert das betriebswirtschaftliche Risiko einer Erkrankung ab. Wenn Sie als Apotheker arbeitsunfähig erkrankt sind, benötigen Sie für diesen Zeitraum einen Vertreter. Diese Kosten sollen durch die Krankentagegeldversicherung, durch die Sie pro Krankheitstag eine bestimmte Summe erhalten, abgesichert sein. Höhe der Krankentagegelder sowie Dauer der Versicherung können individuell abgeschlossen werden. Vergleichbar mit der Krankentagegeldversicherung ist eine sogenannte Vertreterversicherung, die allerdings eine betriebliche Versicherung darstellt. Wenngleich die Beiträge als Betriebsausgabe abgezogen werden können, sind die Auszahlungen dementsprechend als Betriebseinnahme zu versteuern.

Für den Betrieb der Apotheke eminent wichtig sind die **Betriebshaftpflichtversicherung** und **Produkthaftpflichtversicherung**. Durch diese Versicherungen decken Sie das Risiko der Falschabgabe von Medikamenten und Rezepturen (auch durch Mitarbeiter) ab. Versichert ist auch, wenn ein Kunde ansonsten zu Schaden kommt. Diese Versicherungen sind somit ein Muss.

Weiterhin ist eine **Betriebsunterbrechungsversicherung** unerlässlich. Diese sichert das Risiko einer Betriebsunterbrechung durch Einflüsse von außen (zum Beispiel durch Hochwasser) wirkungsvoll ab.

Ebenfalls empfehlenswert sind eine private **Unfallversicherung** sowie eine betriebliche Unfallversicherung durch die Berufsgenossenschaft. Sie können sich auch als Apothekenleiter freiwillig durch die Berufsgenossenschaft versichern lassen. Diese deckt alle Personenschäden, die Sie und Ihre Angestellten durch Berufsunfall erleiden, ab.

1.4 Inhaberschaft einer Apotheke

1.4.1 Kaufmannseigenschaft

Der Apothekerberuf gehört zu den freien Berufen. Gleichzeitig ist der Apotheker jedoch auch Kaufmann im Sinne des Handelsgesetzbuches, da er ein Handelsgewerbe betreibt. Ein Handelsgewerbe ist ein Gewerbebetrieb, der einen nach Art und Umfang in kaufmännischer Weise eingerichteten Geschäftsbetrieb erfordert. Eine Apotheke ist solch ein Gewerbebetrieb.

Die Kaufmannseigenschaft hat verschiedene Konsequenzen. Als Kaufmann gelten Sie nach dem Willen des Gesetzgebers als Unternehmer und sind nicht mehr so schutzbedürftig wie als Privatperson. Wesentliche Verbraucherschutzgesetze aus dem Bürgerlichen Gesetzbuch schützen Sie als Kaufmann nicht mehr. Hierauf sollten Sie vor allem bei der Unterzeichnung von Verträgen achten.

BEISPIEL
T verkauft Ihnen in Ihrer Apotheke die Werbeanzeige in einem Polizeiblatt. Obwohl Sie sich über den Nutzen nicht sicher sind, unterzeichnen Sie den Vertrag, nicht zuletzt, um T zum Gehen zu veranlassen. Am nächsten Tage wollen Sie den Vertrag rückgängig machen. Hier hätten Sie als Privatperson Erfolg, da Sie ein 14-tägiges Widerrufsrecht geltend machen können. Als Kaufmann steht Ihnen ein Widerrufsrecht nicht zu, Sie können den Vertrag nicht rückgängig machen.

Als Kaufmann müssen Sie auch bei der Warenbestellung beachten, dass Sie etwaige Mängel unverzüglich rügen müssen. Ansonsten verlieren Sie die Möglichkeit, schadhafte Ware zurückzusenden.

Rein formal ist der Kaufmann als Einzelfirma im Handelsregister einzutragen. Nach § 238 ff. HGB besteht außerdem eine Verpflichtung, eine ordnungsgemäße Buchführung durchzuführen. Weiterhin ist der Kaufmann verpflichtet, für jedes Geschäftsjahr eine Bilanz sowie eine Gewinn-und-Verlust-Rechnung zu erstellen. Näheres hierzu finden Sie im Kapitel 4. Eine ordnungsgemäße Firmierung muss auf den Geschäftsbögen und jedem schriftlichen Auftreten nach außen (Flyer, Werbebroschüren, etc.) erfolgen. Diese könnte wie folgt lauten: »Adler-Apotheke, Hans Müller e. K.«

1.4.2 Die Betriebserlaubnis

Die formale Voraussetzung für den Betrieb einer eigenen Apotheke ist die Betriebserlaubnis. Die Betriebserlaubnis gem. § 2 Apothekengesetz (ApoG) ist dann zu erteilen, wenn der Antragstellter die Voraussetzungen dieser Vorschrift erfüllt. Ist dies der Fall, hat die Erlaubnisbehörde keine Möglichkeit, die Betriebserlaubnis zu verweigern. Mittlerweile bieten die meisten Erlaubnisbehörden Checklisten an, die im Internet heruntergeladen werden können. Die Betriebserlaubnis sollte beantragt werden, sobald die benötigten Unterlagen vollständig sind. Erfahrungsgemäß dauert das Verfahren zur Erteilung einer Betriebserlaubnis mindestens sechs Wochen.

1.4.3 Zu beachtende Formalitäten

Mit Erlangung der Betriebserlaubnis sind jedoch nicht alle Formalitäten abgeschlossen. Vor der Eröffnung der Apotheke muss eine **Gewerbeanmeldung** nebst Eintrag in das Gewerberegister der Stadt oder der Verbandsgemeinde erfolgen. Zuständig für die Gewerbeanmeldung ist das Gewerbeamt bei der Stadtverwaltung oder der Gemeindeverwaltung. Von diesem Gewerbeamt erfolgt die Mitteilung der Gewerbeanzeige automatisch an das Finanzamt, die zuständige Berufsgenossenschaft, das Gewerbeaufsichtsamt und die Industrie- und Handelskammer (IHK). Daher werden Sie nach der Gewerbeanzeige einen Fragebogen durch das Finanzamt erhalten. Diesen Fragebogen sollten Sie zusammen mit einem Steuerberater ausfüllen, da aufgrund dieser Angaben beispielsweise die Steuervorauszahlungen festgesetzt werden.

Weiterhin müssen die beschäftigten Arbeitnehmer bei der Berufsgenossenschaft angemeldet werden, und zwar innerhalb von acht Tagen nach Eröffnung des Betriebs. Für Apotheken ist die Berufsgenossenschaft für Gesundheitsdienst und Wohlfahrtpflege in Hamburg zuständig. Wird eine bereits bestehende Apotheke übernommen, sollte trotzdem eine Meldung über den Inhaberwechsel an die Berufsgenossenschaft erfolgen.

Das Gewerbeaufsichtsamt ist zuständig für die Sicherheit und Gesundheit am Arbeitsplatz und übt die Aufsicht über bestimmte überwachungsbedürftige Anlagen wie Aufzüge etc. aus. Die IHK ist eine Körperschaft des öffentlichen Rechts. Obwohl Sie als Apotheker Pflichtmitglied der Apothekerkammer sind, müssen Sie gleichzeitig als Kaufmann und Gewerbetreibender Pflichtmitglied der IHK sein. Eine **Anmeldung zum Handelsregister** sollte rechtzeitig erfolgen. Diese ist durch einen Notar vorzunehmen. Wegen der Beschäftigung von Arbeitnehmern ist bei einer Neueröffnung von der Agentur für Arbeit eine **Betriebsnummer** anzufordern. Die Betriebsnummer ist erforderlich, damit Ihr Steuerberater die Beschäftigten ordnungsgemäß anmelden kann. Darüber hinaus sind die Arbeitnehmer beim zuständigen **Gesundheitsamt** zu melden. Schließlich muss der Apotheker beim örtlich zuständigen **Hauptzollamt** den Verkehr mit Branntwein schriftlich anzeigen.

1.5 Der Standort der Apotheke

Bereits im Vorfeld der Apothekengründung beziehungsweise -übernahme sollten Sie sich Gedanken über das Umfeld der Apotheke machen. Die Wirtschaftlichkeit der Apotheke ist entscheidend von der Wahl eines guten Standortes abhängig, sodass zuvor entsprechende Analysen durchgeführt werden sollten. Durch betriebswirtschaftliche Methoden beziehungsweise Methoden der Marktforschung können Sie grundsätzlich viel über den Marktwert eines Standortes erfahren. Maßgeblich für seine Größe sind hauptsächlich der Kundenquerschnitt, der zu erwartende Rezeptumsatz sowie die Wettbewerbssituation. Je nach Center-, Stadtteil- oder Landapotheke sind die einzelnen Parameter anders gewichtet.

Bei einer **Landapotheke** handelt es sich um eine klassische Apotheke, die von ihren Stammkunden lebt. Der Anteil der Laufkundschaft ist als eher gering anzusehen. Dementsprechend ist der Umsatz, der mit Rezepten über verschreibungspflichtige Arzneimittel erzielt wird, meist recht hoch. Eine Landapotheke bietet in vielen Bereichen Vorteile. Die Gefahr des Preisdumpings vor Ort beziehungsweise der Konkurrenz durch Discounter ist noch relativ gering. Der Umsatz bleibt aufgrund der treuen Stammkunden stabil. Werbeaktionen oder Preisnachlässe sind nicht unbedingt erforderlich. Dafür werden Sie sich als Inhaber einer Landapotheke nur dann profilieren und erfolgreich wirtschaften können, wenn Sie sich vor Ort in die Dorf- oder Kleinstadtgemeinschaft integrieren. Ihre Patienten werden Sie zudem mehr fordern und mehr Service von Ihnen verlangen. Ein gut funktionierender Botendienst und andere Dienstleistungen sind ein absolutes Muss. Ebenso ist ein gutes Verhältnis zu den wenigen Ärzten im Umfeld notwendig.

Die **Stadt(teil)apotheke** kann auf ein breiteres Umfeld aufbauen. Bei einer Stadtapotheke bestimmt maßgeblich der individuelle Standort den Erfolg. Es empfiehlt sich, zu analysieren, welche Bevölkerungsgruppen zum Kundenstamm der Stadapotheke gehören. Wichtig ist, ob es sich um eine reine Schlafstadt oder ein citynahes Gebiet handelt. Wesentlich ist auch, ob die Stadtapotheke dem Konkurrenzdruck weiterer Marktteilnehmer gewachsen ist.

Die **Centerapotheke** beziehungsweise **Lauflagenapotheke** repräsentieren Apothekentypen, die weniger auf Stammkunden, als vielmehr auf Laufkundschaft aufbauen. Dies ist hinsichtlich der Umsatzstruktur vorteilhaft, da der OTC-Anteil erheblich höher ist als bei der Stammkunden-Apotheke. Dieser Renditevorteil wird jedoch häufig durch höhere Personalkosten aufgrund längerer Öffnungszeiten und höherer Mieten kompensiert. Aufgrund der wenigen Stammkunden ist es immer wieder erforderlich, durch Verkaufsaktionen, besondere Beratungsprofile, Werbemittel oder sonstige Maßnahmen die Laufkundschaft zu binden. Die längeren Öffnungszeiten erfordern auch von dem Inhaber einen größeren Einsatz. Genauso wichtig wie die guten Beziehungen zu den wenigen Ärzten ist der Kontakt zu dem Betreiber des Centers beziehungsweise zu anderen Geschäftsinhabern vor Ort. Die Geschäftspolitik eines Centers oder einer Ladenpassage in einer Einkaufsstraße ist äußerst wichtig für das Wirtschaften in der Apotheke. Der Konkurrenzdruck ist in einer Center- oder Lauflage extrem hoch. Als selbstständiger Apotheker müssen Sie daher sehr flexibel und ideenreich Ihre Position am Markt verteidigen.

Die **Apotheke in einem Ärztehaus** stellt durchaus einen eigenen Apothekentypus dar. Sie zeichnet sich wie die Landapotheke durch einen extrem hohen Stammkundenanteil aus. Von essenzieller Bedeutung ist eine gute Zusammenarbeit mit den Ärzten. Durch gemeinsame Aktionen, gemeinsame Selbsthilfegruppen et cetera können viele Umsatzpotenziale neu geschaffen werden. Erfolgreich ist hier, wer ein gutes Händchen im Umgang mit den Ärzten hat. Ein fachlich gut geschultes Team gehört hier ebenso zum wirtschaftlichen Erfolg wie ein gut durchorganisiertes Warenlager. Sie sollten zusammen mit den Hauptverschreibern die in der jeweiligen Indikation verordneten Medikamente absprechen und vorrätig halten.

Der Standort beziehungsweise das Umfeld der Apotheke ist sicherlich einfacher zu beurteilen, wenn eine bestehende Apotheke übernommen wird. Neugründungen beinhalten immer ein besonderes Risiko, da die guten Standorte in der Regel schon belegt sind. Am ehesten sind Neugründungen in Form einer Centerapotheke in einem neu zu errichtenden Einkaufszentrum am Markt vertreten. Dies kann sehr lukrativ sein, erfordert aber professionelle Planung. Bei einer bestehenden Apotheke sind aber noch andere Faktoren entscheidend, so zum Beispiel die Kunden und Patientenstruktur im Umfeld. Im Jahr 2006 wurden laut Arzneimittelverordnungsreport 2007 durchschnittlich 8,2 Arzneimittelpackungen mit 418,6 definierten Tagesdosen (DDD) für jeden Versicherten der gesetzlichen Krankenversicherung verordnet (Abbildung 3). Insbesondere, wenn man sich die Altersverteilungen der Verschreibungen anschaut, ergeben sich hier große Unterschiede (Abbildung 4).

Wichtig ist somit die Altersstruktur des Apothekenumfeldes. Weiterhin ist entscheidend, wie viele GKV-Versicherte es prozentual in dem Apothekeneinzugsgebiet gibt beziehungsweise wie viele Privatversicherte. Auch der Anteil von Männern und Frauen ist entscheidend. Die Kaufkraft der Patienten ist ebenfalls sehr wichtig, da die Rendite der Apotheke entscheidend von den Zuverkäufen abhängig ist.

Letztendlich ist die Verteilung und Anzahl der Ärzte nach Fachrichtungen entscheidend. Dies ist für die Verschreibungsmengen und Umsatzstruktur maßgeblich (Tabelle 5).

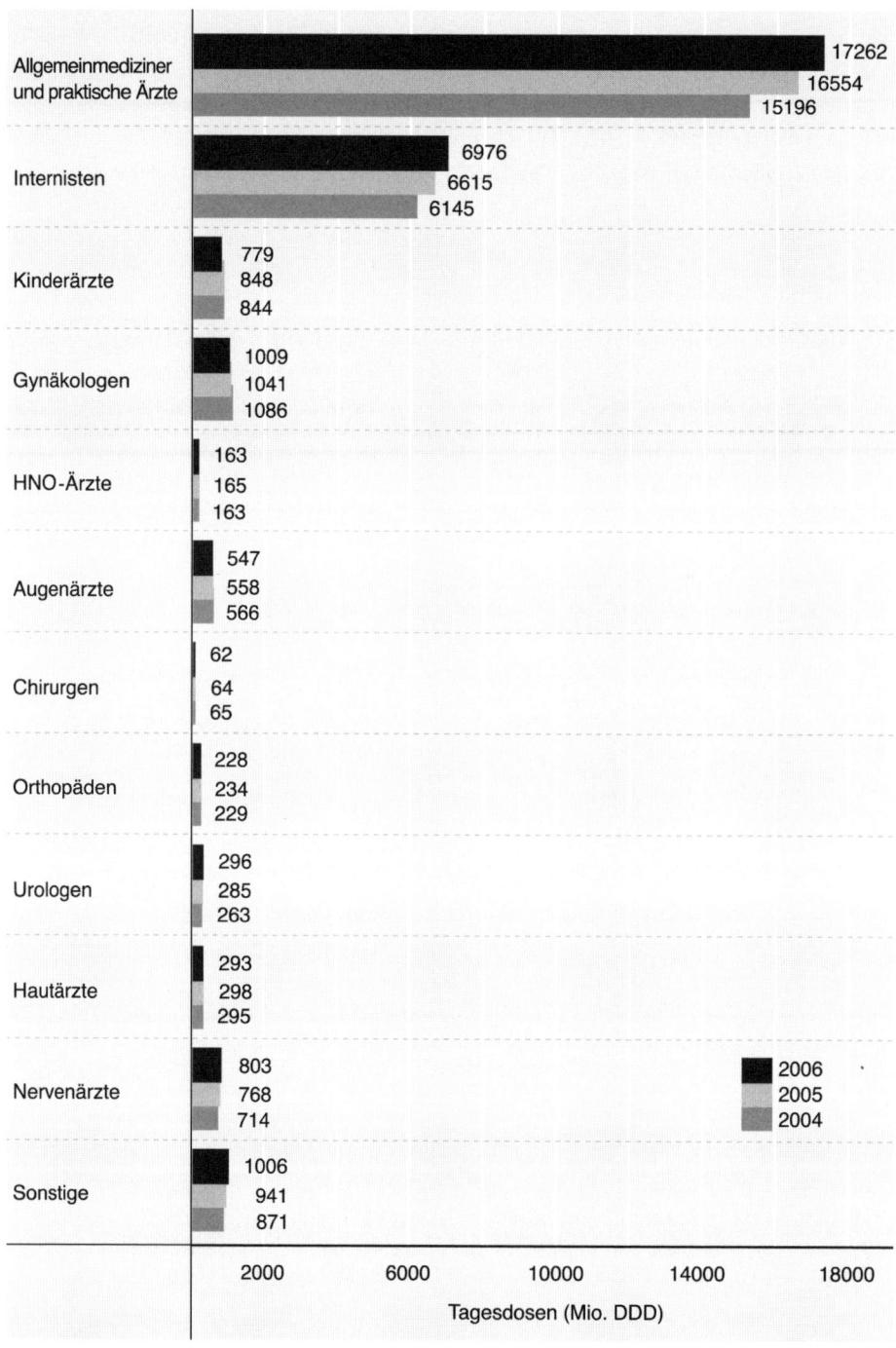

Abb. 3: Arzneimittelverordnungen der einzelnen Arztgruppen in definierten Tagesdosen (Mio. DDD). Quelle: Arzneiverordnungs-Report 2006 und 2007

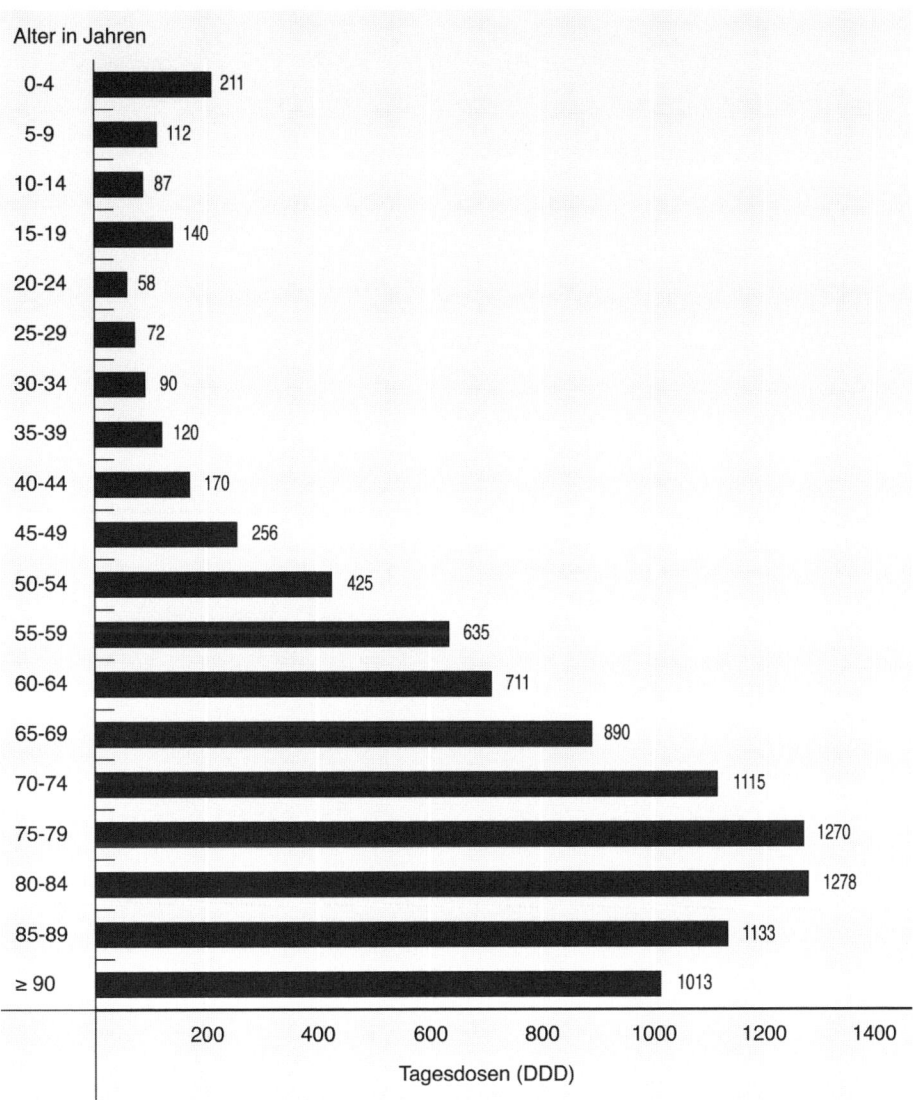

Abb. 4: Anzahl der durchschnittlich pro Versichertem verordneten definierten Tagesdosen (DDD), nach Alter gegliedert. Quelle: Arzneiverordnungs-Report 2007

Arztgruppe	Zahl der Ärzte	Verordnungen je Arzt	DDD je Arzt (Tsd. DDD)
Allgemeinmediziner und praktische Ärzte	43 084	7 168	401
Internisten	21 644	5 228	32
Kinderärzte	6 897	6 253	113
Gynäkologen	11 094	1 504	91
HNO-Ärzte	4 219	1 892	39
Augenärzte	5 498	2 032	100
Chirurgen	5 764	669	11
Orthopäden	5 633	1 590	41
Urologen	2 941	2 088	100
Hautärzte	3 569	2 942	82
Nervenärzte	6 246	3 281	129
Sonstige	16 306	1 398	62
Alle Ärzte	13 2895	4 317	221

Tab. 5: Verschreibungsmenge und verordnete DDD der unterschiedlichen Fachrichtungen. Quelle: Arzneimittelverordnungsreport 2007

Durch das Beratungshonorar je Packung in Höhe von 8,10 Euro + 3 Prozent vom Apothekeneinkaufspreis des Arzneimittels ergibt sich, dass es für eine Apotheke lukrativer ist, viele Packungen im Niedrigpreisbereich zu verkaufen. Weniger lukrativ ist es, wenige hochpreisige Packungen zu verkaufen. Kinderärzte und Hautärzte verordnen häufig Arzneimittel aus dem vergleichsweise niedrigen Preissegment und sind daher zurzeit die bevorzugten Verschreiber für Apotheken. Das Arztumfeld und die daraus resultierende Verschreibungsstruktur sind ausgesprochen wichtig für die Beurteilung des Standorts.

Bei der Übernahme einer bestehenden Apotheke ist zudem entscheidend, welche Umsätze und welcher Ertrag erzielt wurden. Grundsätzlich ist eine Apotheke von mindestens 1,5 Million Nettoumsatz empfehlenswert, um für die Zukunft gewappnet zu sein. Die Rendite sollte über 7 Prozent im Vergleich zum Nettoumsatz liegen. Durchaus können auch Apotheken mit 1 Million Euro Nettoumsatz interessant sein, wenn die Rendite über 10 Prozent liegt. Insofern ist immer eine Einzelfallbetrachtung notwendig.

Generelle Informationen können über die Fachpresse, Apothekenbörsen und bei den Apothekenkammern eingeholt werden. Oft bekommt man noch stichhaltigere Informationen von Fachsteuerberatern, die von Apothekenangeboten häufig als Erste erfahren und diese weitergeben. Auch Pharmagroßhändler und der Außendienst von Pharmaunternehmen sind gut über Apothekenangebote informiert. Apothekenmakler sind ebenfalls am Markt vertreten, hier fallen jedoch nicht unerhebliche Maklercourtagen an.

1.6 Fachkundige Berater finden

Wenn ein Kauf oder eine Neugründung in greifbare Nähe rückt, stellt sich eine weitere entscheidende Frage: Wo hole ich Rat? An erster Stelle ist der Steuerberater Ihres Vertrauens zu nennen. Wenn sich dieser im Apothekenmarkt auskennt, steht Ihnen bei allen weiteren Fragestellungen ein sach- und fachkundiger Berater zur Seite. Aufgrund der berufsgebundenen Schweigepflicht können Sie ihm nicht nur vertrauen, sondern auch alles anvertrauen.

Weiterhin benötigen Sie eine gute Geschäftsbank, vor allem wenn der Kaufpreis finanziert werden muss. Auch hier empfiehlt sich der Weg zur Fachbank, da diese den Apothekenmarkt besser kennt. Hier sollten Sie sich frühzeitig über Existenzgründerprogramme und die zeitlichen Abläufe eines Apothekenkaufs informieren.

Auch die zuständige Apothekerkammer sowie die Apothekerverbände sind wichtige Ratgeber für viele, auch kleinere organisatorische Fragen.

Nicht empfehlenswert ist es, in der frühen Planungsphase weitere Berater jeglicher Art oder anderer Organisationen sowie als Berater spätere Geschäftspartner wie Pharmagroßhändler heranzuziehen. Auch bei Unternehmensberatern, Gesundheitsberatern, Beratern von Einkaufscentern, Beratern von Vermietern et cetera sollten Sie stets im Hinterkopf behalten, dass diese wohlmöglich noch andere Interessengruppen vertreten. Informationen über Ihre Apotheke sollten Sie nicht zu breit streuen.

TIPP

Hilfreiche Informationen erhalten Sie von Personen, die sich in der gleichen Situation wie Sie befinden. Pflegen Sie den Kontakt zu Studienkollegen und anderen Existenzgründern. Vor allem bei der Übernahme und in den ersten Jahren der Selbstständigkeit sind Ratschläge und Erfahrungsberichte äußerst hilfreich. Vielerorts nehmen Erfahrungsaustausch- (Erfa-)Gruppen auch Existenzgründer auf oder gründen gar Existenzgründer Erfa-Gruppen. Auch diese sind Gold wert.

2 Die Gründung oder Übernahme einer Apotheke

Der Schritt in die Selbstständigkeit beginnt mit der Gründung oder Übernahme einer eigenen Apotheke. Nach dem Beitragssatzsicherungsgesetz 2003, dem Gesundheits-modernisierungsgesetz 2004, dem Arzneimittelwirtschaftlichkeitsgesetz 2006 und dem Gesetz zur Stärkung des Wettbewerbs der Gesetzlichen Krankenversicherung (GKV-WSG) 2007 ist die öffentliche Apotheke unter wirtschaftlichen Druck geraten. Die Umsatz- und Ertragssituation ist vielerorts zurückgegangen. Dies und der drohende Wegfall des Fremdbesitzverbots lassen viele junge Apotheker vor der Selbstständigkeit zurückschrecken. So sind die Kaufpreise für Apotheken seit dem Jahr 2003 stark nach unten korrigiert worden. Vor diesem Hintergrund ist jedem potenziellen Erwerber dringend anzuraten, vor einer Übernahme oder Gründung, den Standort und das Objekt genau zu analysieren, erfahrene Fachberater hinzuzuziehen und so die zukünftig eigene Apotheke gründlich auf Herz und Nieren zu prüfen. Eine gut geführte Apotheke an einem einträglichen Standort ist nach wie vor fähig, weiterer Gesundheitsreformen und auch drohenden Apothekenketten zu trotzen. Allerdings sollten Sie sich vor dem Schritt in die Selbstständigkeit fragen, ob Sie auch den kaufmännischen Teil des Apotheker-berufs mögen und beherrschen.

Zunächst sind einige apothekenrechtliche Grundsätze zu beachten. Eine öffentliche Apotheke kann in Deutschland nur durch den Inhaber persönlich geleitet werden. So fordert es § 7 des Gesetzes über das Apothekenwesen (Apothekengesetz, ApoG). Dies hat zur Folge, dass als Rechtsform für das Betreiben einer Apotheke nur ein Einzelunternehmen oder eine offene Handelsgesellschaft beziehungsweise eine Gesellschaft bürgerlichen Rechts (GbR) möglich ist, weil hier eine unmittelbare Leitung und persönliche Haftung sowohl bei dem Inhaber des Einzelunternehmens als auch bei den Gesellschaftern der OHG/GbR als Personengesellschaft gegeben ist. Da eine Einflussnahme Dritter apothekenrechtlich nicht möglich sein soll, ist das Betreiben in Form einer Kapitalgesellschaft in Deutschland nicht möglich. Auch eine Abhängigkeit der Apotheke von stillen Gesellschaftern ist in § 8 ApoG ausdrücklich nicht gestattet. So bleiben als mögliche Rechtsformen die OHG, die GbR oder das Einzelunternehmen übrig, wobei die OHG in der Praxis selten vertreten ist. Das Betreiben einer Apotheke als GbR ist vollkommen ohne Bedeutung.

Als Übergabeformen einer Apotheke kommen der Kauf, die Pacht und die unentgeltliche Übertragung in Form einer Schenkung oder durch Erbfall in Betracht.

2.1 Die Neugründung

Bei der Neugründung einer Apotheke sind im Vorfeld ganz andere Faktoren wichtig und zu beachten als bei der Übernahme einer bereits bestehenden Apotheke. Wie bereits in Kapitel 1 festgestellt, ist die Zahl der Neugründungen von Apotheken (346 im Jahre 2006) recht gering. Dies liegt darin begründet, dass geeignete Apothekenstandorte immer schwieriger zu erschließen sind, weil der Markt bereits gesättigt ist. Dies soll jedoch nicht bedeuten, dass eine Apothekenneugründung nicht erfolgreich sein kann. Allerdings ist zuvor eine genaue Analyse des ins Auge gefassten Standortes in Form eines Standortgutachtens vorzunehmen.

Für einen geeigneten Apothekenstandort sind zunächst drei Faktoren wichtig:
1. Zunächst müssen viele Patienten in geringer Distanz erreichbar sein, einerseits Laufkundschaft und andererseits Stammkundschaft.

2. Es sollten möglichst wenige Konkurrenten in unmittelbarer Nähe angesiedelt sein. Hierbei sind direkte Konkurrenz (Apotheken) und indirekte Konkurrenz (Drogerien et cetera) zu berücksichtigen.

3. Die Erreichbarkeit sollte möglichst optimal ausgestaltet sein. Hier ist sowohl die Erreichbarkeit durch Fußgänger als auch das Bereitstellen von Parkplätzen für motorisierte Kunden wichtig. In Sichtweite sollte sich eine Haltestelle des öffentlichen Personennahverkehrs befinden.

Ein Standortgutachten wird diese Faktoren ebenso berücksichtigen wie die Ärzteverteilung nach Fachrichtung und Radien sowie die Apothekenverteilung im Umkreis. Wenn ein Standortgutachten vorliegt, muss dieses durch einen Fachmann interpretiert werden. Miteinbezogen werden zu diesem Zeitpunkt auch nicht zählbare Faktoren wie zum Beispiel das Image des jeweiligen Stadtteils, in dem die Apotheke geplant ist.

Wenn das Ergebnis eine erfolgreiche Apothekenneugründung verspricht, haben Sie den Vorteil, dass Sie den Mietvertrag für die Apothekenräume oder den Kauf der Apothekenräume selbst verhandeln können. Sie haben den weiteren Vorteil, dass Sie das benötigte Personal selbst einstellen und mit einheitlichen Arbeitsverträgen ausstatten können. Dasselbe trifft auf die weiteren Dauerverträge, wie etwa Leasingverträge für EDV, zu.

TIPP *Oftmals werden Standortgutachten für Neugründungen von bestimmten Interessenvertretern beauftragt oder selbst begutachtet. Auf eine Neugründung sollte man sich jedoch nur einlassen, wenn das Gutachten von unabhängiger Seite erstellt wurde beziehungsweise von einem unabhängigen Fachmann gegengeprüft wurde.*

2.2 Der Kauf

Die häufigste Übernahmeform einer Apotheke ist der Kauf gem. § 433 BGB. Beim Kaufvertrag handelt es sich um einen schuldrechtlichen gegenseitigen Vertrag. Die Hauptpflicht des Verkäufers besteht darin, dem Käufer das Eigentum an dem Kaufgegenstand
(Apotheke) zu verschaffen. Die Hauptpflicht des Käufers besteht darin, den vereinbarten Kaufpreis zu zahlen und die gekaufte Sache abzunehmen (§ 433 BGB). Die eigentliche dingliche Eigentumsübertragung erfolgt durch dingliche Einigung und Übergabe
der Apotheke. Der Verkauf einer Apotheke ist in der Regel an keine besondere Form ge-
bunden, es wäre formaljuristisch sogar ein mündlicher Kaufvertrag möglich. Allerdings
ist ein schriftlicher Vertragsabschluss aus Dokumentations- und Beweiszwecken unbedingt zu empfehlen. Der Verkauf einer Apotheke bedarf nur dann der notariellen Form,
wenn neben dem Apothekenbetrieb auch die Apothekenbetriebsräume (Hausgrund-
stück) übertragen werden. Es liegen dann zwar zwei selbstständige Rechtsgeschäfte vor
– zum einen der Unternehmens- und zum anderen der Grundstücksverkauf –, trotzdem sind beide Geschäfte miteinander verknüpft und bilden dabei eine rechtliche Einheit, denn der eine Vertrag wäre ohne den anderen regelmäßig nicht abgeschlossen
worden. Da Grundstücksübertragungen gem. § 311 b BGB zu ihrer Wirksamkeit der notariellen Form bedürfen, muss insofern auch der Vertrag über die Veräußerung des Apothekenbetriebs notariell mit beurkundet werden.

Im Gegensatz zu einer Apothekenverpachtung verliert der Verkäufer jegliche Rechtsbe-
ziehung zu der Apotheke. In Abgrenzung dazu wird bei einer Apothekenpacht dem
Pächter die Apotheke lediglich zum Gebrauchs- und Nutzungsrecht, der sogenannten
Fruchtziehung, überlassen.

2.2.1 Kaufgegenstand

Die beiden wesentlichen Vertragsbestandteile eines jeden Kaufvertrags sind der Kaufgegenstand und Kaufpreis. Kaufgegenstand eines Apothekenkaufs ist die Rechts- und
Sachgesamtheit einer Apotheke, die aus verschiedenen Gegenständen und Rechten besteht. Verkauft wird somit üblicherweise der eingerichtete und ausgeübte Gewerbebetrieb, bestehend aus der Einrichtung, dem Warenlager sowie dem immateriellen Firmenwert, dem sogenannten Goodwill. Eine Bewertung dieses Goodwills ist eine Frage
der Umsatz- und Ertragssituation der Apotheke, aber auch in zunehmender Art und
Weise eine Frage der wirtschaftlichen Stellung einer Apotheke im Rahmen der aktuellen und zukünftig zu erwartenden Gesundheitsreformen. Die Einrichtung der Apotheke ist »revisionsfähig« zu übergeben. Hierauf sollte der Käufer besonders achten, um
nicht kostenintensive Nachbesserungen vornehmen zu müssen.

Wann ist eine Apotheke revisionsfähig?

In §§ 3 und 4 der Apothekenbetriebsordnung sind die Anforderungen an die Apothekenbetriebsräume und ihre Ausstattung geregelt. Die Apothekenbetriebsräume müssen nach Art, Größe, Zahl, Lage und Einrichtung geeignet sein, einen ordnungsgemäßen Apothekenbetrieb, insbesondere die einwandfreie Entwicklung, Herstellung, Prüfung, Lagerung, Verpackung sowie eine ordnungsgemäße Abgabe von Arzneimitteln und die Information und Beratung über Arzneimittel, auch mittels Einrichtungen der Telekommunikation, zu gewährleisten (§ 4 Abs. 1 Satz 1 Apothekenbetriebsordnung). Zu diesen allgemeinen Anforderungen ist in § 4 Abs. 2 Apothekenbetriebsordnung konkretisiert, dass eine Apotheke mindestens aus einer Offizin, einem Laboratorium, ausreichendem Lagerraum und einem Nachtdienstzimmer bestehen muss. Die Offizin muss einen Zugang zu öffentlichen Verkehrsflächen haben; sie muss so eingerichtet sein, dass die Vertraulichkeit der Beratung gewahrt werden kann. Das Laboratorium muss mit einem Abzug mit Absaugvorrichtung oder mit einer entsprechenden Einrichtung, die die gleiche Funktion erfüllt, ausgestattet sein. Die qualitätsgerechte Herstellung der in § 4 Abs. 7 genannten Darreichungsformen sowie eine Lagerhaltung unterhalb einer Temperatur von 20 Grad Celsius müssen möglich sein. Die Grundfläche der in Satz 1 benannten Apothekenbetriebsräume muss insgesamt mindestens 110 m² betragen. (§ 4 Abs. 2 Apothekenbetriebsordnung). Es ist davon auszugehen, dass die meisten der aktuell betriebenen Apotheken diese Anforderungen erfüllen. Vereinzelt sind Ausnahmegenehmigungen möglich, wenn zum Beispiel die Grundfläche von 110 m² nicht erreicht werden kann. Ob die baulichen Voraussetzungen für den Apothekenbetrieb vorhanden sind, muss jedoch im jeweiligen Einzelfall geklärt werden.

Die Apotheke muss weiterhin so mit Geräten ausgestattet sein, dass Arzneimittel in den Darreichungsformen Kapseln, Salben, Pulver, Drogenmischungen, Lösungen, Suspensionen, Emulsionen, Extrakte, Tinkturen, Suppositorien und Ovula ordnungsgemäß hergestellt werden können. Die Herstellung von sterilen Arzneimitteln und von Wasser für Injektionszwecke muss möglich sein (§ 4 Abs. 7 Apothekenbetriebsordnung). Konkretisiert werden die in der Apotheke notwendigen Geräte und Prüfmittel durch Anlage 1 der Apothekenbetriebsordnung. Diese Geräte und Prüfmittel müssen in einer Apotheke vorhanden sein. Eine weitere Konkretisierung der wissenschaftlichen und sonstigen Hilfsmittel ist in § 5 der Apothekenbetriebsordnung enthalten. Schließlich ist der Arzneimittelvorrat in § 15 Apothekenbetriebsordnung sowie in Anlage 2 zu § 15 Apothekenbetriebsordnung aufgeführt.

Wenn die oben genannten erforderlichen Voraussetzungen und Ausstattungen der Apotheke vorhanden sind, sind die sachlichen Voraussetzungen für den Betrieb einer Apotheke gegeben. Durch eine unangemeldete Inspektion (Revision) werden unter anderem diese Voraussetzungen durch den Pharmazierat überprüft. Insofern spricht man bei Vorliegen aller Voraussetzungen zum Betrieb einer Apotheke von einer revisionsfähigen Apotheke. Im Kaufvertrag sollte daher festgehalten werden, dass eine revisionsfähige Apotheke veräußert wird.

Wenn das Warenlager, wie im Regelfall üblich, mitverkauft wird, ist dies im Kaufvertrag gesondert anzugeben. Vor der Übergabe der Apotheke sollte eine Inventur von unabhängiger Stelle durchgeführt werden. Verhandelt werden sollte über einen Abschlag für nicht verkäufliche oder nahe am Verfallsdatum liegende Ware.

2.3 Der Apothekenwert

2.3.1 Die Wertermittlung

Ziel der Wertermittlung ist es, den konkreten Geldwert einer Apotheke zu bestimmen. Anlässe dazu gibt es viele, sie können gesetzlicher, vertraglicher oder unternehmerischer Natur sein. Möglich sind z. B. die Ermittlung des Vermögens bei einer gerichtlichen Auseinandersetzung (wie z. B. Scheidung), beim Erbfall oder, hier relevant, beim Verkauf der Apotheke.

Der Wert einer Apotheke ist ein wesentlicher Faktor bei der Übernahme. Hier kollidieren regelmäßig die Interessen der Beteiligten. Denn natürlich ist der Verkäufer an einem möglichst hohen Verkaufspreis, der Käufer hingegen an einem möglichst geringen Kaufpreis interessiert.

Der Wert eines Unternehmens lässt sich nicht abschließend bestimmen; eine einheitliche Bewertung ist schlichtweg nicht zu erreichen, denn den Unternehmenswert gibt es nicht. Dazu fließen einfach zu viele, oft stark subjektive Faktoren in die Bewertung ein, und nicht wenige davon entziehen sich aufgrund ihrer letztlich nicht genau messbaren Größe einer definitiven Quantifizierung. Dieser Umstand bietet eine treffliche Grundlage für eingehende Verhandlungen zwischen Anbieter und Abnehmer.

Aber keine Sorge: es gibt feste und einheitliche Verfahren, um den Wert einer Apotheke zu ermitteln; die Wertermittlung ist mittlerweile ein ansehnlicher Markt für Berater geworden.

Es ist zunächst sinnvoll, einen grundsätzlichen Überblick über die Verfahren zur Wertermittlung zu haben.

Individualität des Unternehmenswertes: Betriebswirtschaftlich betrachtet drückt sich der Wert einer Sache im Preis aus, für den sie erworben werden kann. Während bei Gütern am Massenmarkt die Nachfrage schnell die Findung eines preislichen Mittelwerts ermöglicht, ist die Preisbildung bei Unternehmen aufgrund des fast stets einmaligen Angebots hoch individuell.

BEISPIEL

Der Wert eines Unternehmens hat oftmals kaum etwas mit seinem materiellen Substanzwert zu tun. Coca-Cola® z. B. hat einen Börsenwert von etwa 100 Milliarden Dollar. Dieser hat wenig mit den Gebäuden, Abfüllanlagen, Flaschen und Dosen, also der materiellen Substanz zu tun, als vielmehr mit den regelmäßigen Gewinnen, dem großen Kundenstamm oder der Bekanntheit des Namens. Allein die Marke »Coc-Cola®« ist mehr als 65 Milliarden Dollar wert.

Die materiellen Elemente eines Unternehmens spielen bei der Wertermittlung oft nur eine untergeordnete Rolle. Der Wert des Anlagevermögens, bei Apotheken vor allem Einrichtung und Warenlager, wird in der Regel zwar auf den Preis aufgeschlagen, bildet aber nicht dessen Wertgrundlage. Diese wird vielmehr vom Gewinn, der Kundschaft, den Kooperationspartnern, den Lieferbeziehungen sowie den Zukunftsperspektiven des Unternehmens gebildet. Die genannten immateriellen Faktoren sind nur schwer quantifizierbar. Sie bilden jedoch den die materiellen Bestandteile meist deutlich übertreffenden Firmenwert, den sogenannten »Goodwill«. Der Grund dafür ist einfach: Schlussendlich sind der zu erwartende Gewinn, das Potenzial und die Erfolgsaussichten eines Unternehmens ausschlaggebend dafür, den Schritt in die Selbstständigkeit zu wagen.

2.3.2 Verfahren zur Bewertung

Bei der konkreten Bewertung haben sich für Apotheken zwei Verfahren etabliert, das »Umsatzverfahren« sowie das »Ertragswertverfahren«. Um es gleich vorwegzunehmen: Beide Verfahren detailliert zu erklären, würde bei Weitem den Rahmen dieses Buch sprengen. Wichtig ist zunächst, die Effektivität und den Nutzen des jeweiligen Vorgehen richtig einzuordnen zu können.

Das **Umsatzverfahren** setzt, wie der Name schon sagt, am Umsatz des zu bewertenden Unternehmens an. Auf der Basis der Vorjahresumsätze und individueller Gewichtung von wertsteigernden und -mindernden Faktoren wird ein konkreter Unternehmenswert berechnet. Die Effektivität dieses Verfahrens ist als eher gering einzuschätzen. Dies liegt vor allem an dem gewählten Ausgangspunkt, dem Umsatz. An anderer Stelle in diesem Buch ist nachzulesen, warum der Umsatz ein dem Gewinn heutzutage klar nachgeordneter Faktor ist. Dementsprechend hat auch die Nachfrage nach diesem Bewertungsverfahren in den vergangenen Jahren deutlich nachgelassen. Es spielt nur noch eine untergeordnete Rolle und wird – wenn überhaupt – nur zu Vergleichszwecken herangezogen.

Beim **Ertragswertverfahren** wird ein anderer Weg gewählt. Hier wird am jeweiligen Jahresergebnis angesetzt, also dem konkreten Überschuss der Apotheke. Auch hier fließen dann Faktoren ein, die den Wert beeinflussen oder beeinflussen können. Das Unternehmen wird dabei zuerst nach einem möglichst objektivierten Wert eingeschätzt – genau so, wie es aktuell existiert. Darauf baut dann im zweiten Schritt die Prognose seiner zukünftigen (Ertrags-)Perspektiven auf.

Beiden Verfahren gemeinsam ist die Einschätzung wertsteigernder und -mindernder Faktoren. Diese sind bei Apotheken von nicht zu unterschätzender Komplexität. Sicherlich haben Sie auch schon ein Gespür dafür entwickelt, wie sich gesundheitspolitische Änderungen im stark regulierten Gesundheitsmarkt oft überraschend und intensiv auswirken können.

Als Beispiele seien hier nur das AVWG in 2006 oder die Rabattverträge nach dem GKV-WSG 2007 genannt. Beide politischen Entscheidungen haben das tradierte und ergebnisrelevante Rabattgefüge bei Apotheke und Herstellern nachhaltig verändert. Eine fundierte Prognose solcher Entwicklungen setzt langjährige Erfahrung in Branche und Beratung für Apotheken voraus. Berücksichtigen Sie dies bei der Wahl Ihres Beraters.

Bei der Wertermittlung gibt es ein vielfältiges Angebot verschiedener Anbieter und Produkte. Für die Anfertigung eines Gutachtens sollten Sie sich entweder an einen unabhängigen, branchenerfahrenen **Steuer- oder Unternehmensberater** wenden, oder, was ohne bestehenden oder direkt vermitteltem Kontakt zu solchen Anbietern sinnvoller ist, die jeweilige **Landesapothekerkammer** ansprechen, die in der Regel ein entsprechendes Netzwerk an seriösen und erfahrenen Kontakten bieten kann.

FAZIT

Produktseitig ist in jedem Falle ein Gutachten auf Basis des Ertragswertverfahrens vorzuziehen. Es ist mittlerweile zum Quasi-Standard der Wertermittlung von Apotheken geworden. Scheuen Sie dabei nicht die anfallenden Kosten, die meist im klar vierstelligen Bereich angesiedelt sind. Gute und unabhängige Beratung kostet Geld, spart Ihnen aber eventuelle Folgekosten und gibt Ihnen im Streitfall Sicherheit.

Ein weiterer Vorteil einer fundierten Wertermittlung liegt in der enthaltenen Betriebs- und Standortanalyse. Viele Faktoren, die hier einfließen, wie z. B. die Kosten- oder Zuweiserstruktur, sind wichtige Elemente für Unternehmensoptimierung oder Marketing. Mit diesen Kenntnissen können Sie noch erfolgreicher starten. Sprechen Sie Ihren Gutachter schon möglichst früh darauf an, wie Sie die Analysen für sich weiterverwerten können.

2.4 Kaufvertrag, Vertragsverhandlungen

Obwohl jeder Kauf einer Apotheke einen Einzelfall darstellt, gibt es einige allgemeingültige Regeln, auf die man unbedingt achten sollte. So sollte der Apothekenkaufvertrag von einem Rechtsanwalt erstellt werden, der schon mehrere Apothekenübergänge betreut hat. Stand der Dinge vor den Vertragsverhandlungen ist in der Regel folgender: Der Kaufgegenstand Apotheke ist besichtigt, die letzten Bilanzen und Betriebswirtschaftlichen Auswertungen (BWA) liegen vor, und ein Wertgutachten von unabhängiger Stelle ist eingeholt. Es herrscht Einigkeit darüber, was übergehen soll (Apotheke, Warenlager, Einrichtungsgegenstände). Der Kaufpreis wurde festgelegt. Nun geht es darum, den gesamten rechtlichen Vorgang in eine vertragliche Form zu gießen. Hierbei sind für Sie als Erwerber einige unverzichtbare Dinge, sogenannte »must-have-terms«, vertraglich zu regeln, auf deren Aufnahme in den Kaufvertrag Sie bestehen sollten. Abweichungen sollten nur aus dringenden Gründen im Einzelfall erfolgen.

Zunächst sollte die **Haftung des Erwerbers bei Firmenfortführung**, die das Handelsgesetzbuch gem. § 25 Abs. 1 BGB vorgibt, vertraglich ausgeschlossen werden. Der Erwerber muss sicher sein, dass er keinerlei Verbindlichkeiten oder Schulden vom Vorgänger übernimmt. Ansonsten wäre er einem nicht zu kalkulierenden Risiko der Inanspruchnahme durch Gläubiger des Verkäufers ausgesetzt. Im Vertrag sollte somit auch aufgenommen werden, dass die Übergabe der Apotheke lastenfrei erfolgt und keinerlei Forderungen und Verbindlichkeiten des Verkäufers auf den Käufer übergehen. Da hiermit eine Abweichung von der gesetzlich vorgesehenen Haftung des Erwerbers vorgenommen wird, muss diese gem. § 25 Abs. 2 HGB im Handelsregister eingetragen und somit öffentlich bekannt gemacht werden. Eine Verpflichtung zur Eintragung im Handelsregister sollte ebenfalls niedergeschrieben werden. Ebenso sollte eine Gewährleistung des Verkäufers dahingehend mitaufgenommen werden, dass er für den Übergang der Apotheke in betriebsfähigem und revisionsfähigem Zustand einsteht. Für etwaige Mängel oder Beanstandungen der Aufsichtsbehörde aufgrund einer Abweichung von der gültigen Apothekenbetriebsordnung sollte sich der Verkäufer vertraglich verpflichten, die Beseitigungskosten zu übernehmen. Sinnvoll ist es in diesem Zusammenhang, dass Käufer und Verkäufer vor der Übergabe eine gemeinsame Besichtigung der Apotheke vornehmen und ein gemeinsames Übergabeprotokoll erstellen. Hierdurch können Details über den Zustand der Apotheke aufgeführt und damit schriftlich dokumentiert werden.

Wichtig für den Käufer ist auch die Vereinbarung eines **Wettbewerbsverbotes** für den Verkäufer. Durch eine solche Klausel verpflichtet sich der Verkäufer, innerhalb eines Zeitraums von zwei Jahren nach der Übergabe in einem bestimmten je nach Einzelfall festzulegenden Umkreis um die verkaufte Apotheke keinen Wettbewerb durch Übernahme einer bestehenden Apotheke oder Gründung einer neuen Apotheke zu unternehmen. Festgehalten werden sollte hier auch, dass der Vorbesitzer nicht als Arbeitnehmer in einer Konkurrenzapotheke tätig wird. Abgesichert wird dieses Wettbewerbsverbot mit einer Vertragsstrafe für den Fall der Zuwiderhandlung. Dieses Wettbewerbsverbot schützt den Erwerber vor Konkurrenz seitens des Voreigentümers. Der Radius sollte auch nicht zu eng gezogen werden, da gerade im ländlichen Bereich eine Apotheke am anderen Ende des Dorfes erhebliche Einbußen verursachen kann.

Weiterhin sollte im Vertrag auf vermeintliche Nebensächlichkeiten geachtet werden, zum Beispiel sollte sich der Erwerber die Namensrechte der Apotheke einräumen lassen. Grundsätzlich ist der Apothekenname mit dem Kaufpreis bezahlt, allerdings vermeidet die vertragliche Klarstellung einen unnötigen juristischen Streit um die Namensrechte. Da der Apothekenname sich vor Ort etabliert hat, sollten Sie diesen aus wirtschaftlichen Erwägungen auch nicht ändern (wenn keine besonderen Gründe vorliegen). Zudem sollte der Erwerber darauf achten, dass der Vertrag nur dann wirksam wird, wenn der Erwerber tatsächlich die Betriebserlaubnis erlangt und im Falle von gemieteten Betriebsräumen einen langfristigen Mietvertrag abgeschlossen hat. Diesbezüglich sollte der Kaufvertrag unter eine auflösende Bedingung gestellt werden.

2.5 Der unentgeltliche Erwerb

Als Formen des unentgeltlichen Erwerbs kommen die Schenkung und der Erwerb der Apotheke durch einen Erbfall in Betracht. Der Hauptunterschied zu den bereits genannten Übernahmeformen besteht in der Tatsache, dass kein Kaufpreis für die Finanzierung der Apotheke aufgenommen werden muss. Vertragsrechtlich sollte bei einer Schenkung immer ein schriftlicher Vertrag beziehungsweise ein schriftliches Schenkungsversprechen vorliegen. Ein unentgeltlicher Erwerb hat in erster Linie steuerrechtliche Folgen. Daher sollte eine Schenkung schon frühzeitig geplant und mit dem Steuerberater abgesprochen werden.

Eine testamentarische Absicherung für den Todesfall ist immer zu empfehlen. Wenn sich eine Apotheke im Vermögen befindet, sollte dies auch aus apothekenrechtlichen Gründen geschehen. Wenn kein Testament vorhanden ist, wäre ansonsten die gesetzliche Erbfolge anzuwenden, was zu Problemen führen kann.

BEISPIEL

Fall: Apotheker A stirbt und hinterlässt eine Ehefrau E und ein minderjähriges Kind K. Gemäß der gesetzlichen Erbfolge erben E und K je zur Hälfte. Sie bilden eine Erbengemeinschaft. Für K wird aufgrund der Minderjährigkeit vom Vormundschaftsgericht ein Ergänzungspfleger bestellt. Über den Verkauf der Apotheke kann E nun nicht allein bestimmen, sondern ist auf die Zustimmung des Ergänzungspflegers angewiesen.

2.6 Der Mietvertrag über die Apothekenräumlichkeiten

Hinsichtlich des Mietvertrages der Apotheke sind ebenfalls apothekenrechtliche Besonderheiten zu beachten:

Der Mietvertrag ist von eminenter Wichtigkeit: Ohne einen wirksamen Mietvertrag wird keine Betriebserlaubnis erteilt. Aber auch aus kaufmännischer Sicht ist der Betrieb einer (nicht in eigenen Räumlichkeiten betriebenen) Apotheke von dem Bestehen eines Mietvertrags abhängig. Bei Auslaufen eines Mietvertrags ohne Verlängerungsoptionen oder der Möglichkeit einer vorzeitigen Kündigung durch den Vermieter ist dem Betrieb der Apotheke die Grundlage entzogen. Diese Gefahr ist grundsätzlich immer bei einem Mietvertrag mit unbestimmter Laufzeit gegeben, da dieser mit einer Frist von sechs Monaten zum Quartalsende gekündigt werden kann. Da eine Apotheke nicht ohne Weiteres in andere Räumlichkeiten verlegt werden kann und ein Konkurrent eine Apotheke nachfolgend in den Geschäftsräumen eröffnen könnte, ist der gesamte Firmenwert der Apotheke letztlich von einem sicheren Mietvertrag abhängig. Wichtig bei einem Betrieb einer Apotheke in gemieteten Räumlichkeiten sind somit einerseits vereinbarte langfristige Verlängerungsoptionen sowie andererseits der Ausschluss von Kündigungsmöglichkeiten durch den Vermieter.

2.6.1 Grundsätzliches zum Inhalt und den Hauptpflichten des Mietvertrags (§ 535 BGB)

Durch den Mietvertrag wird der Vermieter verpflichtet, dem Mieter den Gebrauch der vermieteten Sache während der Mietzeit zu gewähren. Der Mieter ist verpflichtet, dem Vermieter die vereinbarte Miete zu entrichten (§ 535 BGB). Im Apothekenrecht gilt die Besonderheit, dass ausschließlich der Betreiber der Apotheke die Verfügungsberechtigung über die Apothekenbetriebsräume haben und somit auf Mieterseite nur er den Vertrag unterzeichnen muss. Beim Betreiben einer Apotheke in Form einer OHG müssen sämtliche OHG-Gesellschafter unterschreiben. Dies soll die Apotheke vor unzulässiger Einflussnahme seitens Dritter schützen. Der Mietvertrag über die Apothekenbetriebsräume ist ein Geschäftsraummietvertrag. Der Zweck des Mietverhältnisses ist die Vermietung der Räume zum Betrieb einer Apotheke, und dieser Vertragszweck sollte auch in den Mietvertrag mit aufgenommen werden. Dies schützt den Vermieter, der auch im Falle einer Untervermietung sichergehen kann, dass eine Apotheke in seinen Räumen verbleibt und nicht ein weniger angesehenes Geschäft. Den Mieter verpflichtet diese Bestimmung zwar, die Räume nicht anderweitig nutzen zu können. Andererseits erhält er durch die Festschreibung zum Betrieb einer Apotheke einen gewissen Konkurrenzschutz vom Vermieter. Die Aufsichtsbehörde muss den Vertrag aus apothekenrechtlicher Sicht prüfen. Daher sollte in den Mietvertrag mit aufgenommen werden, dass dieser unter dem Vorbehalt der Erteilung der Betriebserlaubnis durch die Aufsichtsbehörde steht. Anderenfalls wäre der Apotheker bei Verweigerung der Zustimmung verpflichtet, die mietvertraglichen Verpflichtungen zu erfüllen, ohne dass die Räume für ihn nutzbar wären.

2.6.2 Wichtige Vertragsklauseln

Dauer des Vertrags: Ein Mietvertrag auf unbestimmte Zeit ist für Apothekenbetriebsräume inakzeptabel, da ein solcher Vertrag nach Maßgabe von § 580 a Abs. 2 BGB zum Ablauf eines jeden Quartals mit halbjähriger Frist von beiden Seiten kündbar ist. Um den Betrieb der Apotheke zu sichern, muss der Mietvertrag eine bestimmte Mindestlaufzeit haben. Aus betriebswirtschaftlicher Sicht des Mieters sollte der Vertrag mindestens 15 bis 20 Jahre laufen. Nur dann ist gewährleistet, dass sich seine Investition für Einrichtung und Geschäftswert beziehungsweise die damit verbundene Aufnahme von Fremdkapital rechnen. Dies ist allerdings nur eine Seite der Medaille. Andererseits sollte der Existenzgründer sich möglichst nicht zu lange vertraglich binden, um für den Fall einer eventuellen Insolvenz oder Geschäftsaufgabe nicht noch jahrelang Miete zahlen zu müssen. Eine Lösung bietet hier die Gestaltung der Mietzeit in eine überschaubare feste Grundmietzeit von beispielsweise fünf Jahren, verknüpft mit der Einräumung eines Optionsrechts, das einseitig die Verlängerung der Vertragslaufzeit durch den Mieter einräumt. Dieses Optionsrecht ist, da der Gesamtmietvertrag über mehr als ein Jahr läuft, schriftlich zu vereinbaren (siehe unten). Dieses Formerfordernis bezieht sich auf alle Bestandteile des Optionsrechts. So muss die Verlängerungszeit bestimmt sein und ebenso, bis zu welchem Zeitpunkt das Optionsrecht (während der Grundmietzeit) ausgeübt werden muss. Während früher allgemein eine möglichst lange Festlaufzeit von in der Regel mindestens zehn Jahren empfohlen wurde, empfiehlt sich heutzutage aufgrund der Unsicherheiten im Gesundheitswesen eine Festlaufzeit von fünf Jahren mit anschließender Optionsmöglichkeit von dreimal fünf Jahren. Bei einer langen Laufzeit empfiehlt es sich trotzdem, ein Kündigungsrecht des Mieters für den Fall zu vereinbaren, dass sich am vermieteten Standort der Betrieb einer Apotheke nachweislich nicht mehr lohnt. Dauert das Mietverhältnis länger als 30 Jahre, kann es von Gesetzes wegen nach Ablauf von 30 Jahren von jeder Seite unter Einhaltung der gesetzlichen Kündigungsfrist beendet werden. Dieses Kündigungsrecht ist nur dann ausgeschlossen, wenn der Mietvertrag auf die Lebenszeit des Vermieters oder des Mieters geschlossen worden ist.

Schriftform gemäß § 126 BGB: In diesem Zusammenhang muss dringend darauf hingewiesen werden, dass Mietverträge, die für eine längere Zeit als ein Jahr abgeschlossen werden, gemäß § 550 BGB der Schriftform bedürfen. Wird die Schriftform nicht eingehalten, gilt der Mietvertrag als auf unbestimmte Zeit geschlossen und kann von jeder Partei unter Einhaltung der gesetzlichen Frist vorzeitig gekündigt werden, nicht jedoch für eine frühere Zeit als zum Ablauf eines Jahres nach Überlassung des Mietgegenstandes (§ 550 BGB). Dies bedeutet, dass die fehlende Schriftform den Mietvertrag nicht unwirksam macht, sondern lediglich zu einer vorzeitigen Kündigungsmöglichkeit führt. Insofern kann hier nicht eindringlich genug darauf hingewiesen werden, dass die Schriftform unter allen Umständen eingehalten werden muss. Die sehr strenge Rechtsprechung fordert die Schriftform sowohl für den Mietvertrag selbst als auch für alle Zusätze zum Mietvertrag. Eine mündliche Zusatzvereinbarung führt automatisch zu einer Kündigungsmöglichkeit des Vertrages. Zu dem Schriftformerfordernis gehört das Erfordernis, dass die Vertragsurkunde eine Einheit bilden muss. Sie muss deshalb körperlich fest miteinander verbunden sein, zum Beispiel durch Heften, Kleben, Klammern oder Ähnliches. Liegt diese feste körperliche Verbindung nicht vor, ist das Schriftformerfordernis ebenfalls nicht gewahrt und der Vertrag in seinem gewollten Inhalt ungültig. Die neuere, etwas gelockerte Rechtsprechung erfordert zumindest noch eine Einheitlichkeit der Urkunde. Dies bedeutet, das gesamte formbedürftige Geschäft sollte in einer Urkunde enthalten sein und unterschrieben werden. Hier liegt in der Praxis eine große Gefahr für den Betreiber einer Apotheke in gemieteten Räumen. Dies soll an einem leicht überzogenen Fall verdeutlicht werden:

BEISPIEL

Apotheker A betreibt eine lukrative Apotheke in einem Einkaufscenter. Er hat einen Mietvertrag über fünf Jahre abgeschlossen, mit einer Möglichkeit, diesen dreimal um fünf Jahre zu verlängern. Das Fremdbesitzverbot für Apotheken wird aufgehoben. Daraufhin wenden sich die Betreiber einer Apothekenkette an den Vermieter der Apothekenräume und bieten ihm für den Fall der Anmietung der Apothekenräume eine Provision in Höhe von 50 000 Euro an. Nach Befragung eines Mietrechtsspezialisten bietet der Vermieter dem Apotheker A eine Senkung der Miete um 500 Euro an. A nimmt das Angebot erfreut an; ein schriftlicher Zusatz zum Mietvertrag wird hierüber nicht gefertigt. Nach zwei Monaten kündigt der Vermieter den Mietvertrag zum Ablauf des Kalenderjahres. Als Begründung gibt er an, dass aufgrund der fehlenden schriftlichen Ergänzung ein Mietvertrag mit unbestimmter Laufzeit entstanden ist, der vorzeitig kündbar ist. Zum 1. Januar des folgenden Jahres betreibt die Apothekenkette die Apotheke des A weiter. A gelingt es lediglich noch, der Apothekenkette das Warenlager und die Einrichtung zu einem geringen Preis zu verkaufen.

Das fiktive Beispiel zeigt, dass die Einhaltung der Schriftform eine eminent wichtige Bedeutung für das Weiterbetreiben der eigenen Apotheke und Sicherung des Firmenwertes hat. Auch bei kleineren mündlichen Absprachen sollte die Schriftform unbedingt beachtet werden! Im obigen Beispiel hätte A sonst höchstens die Möglichkeit, die Kündigung des Mietvertrags unter diesen besonderen Umständen als treuwidrig anzufechten.

§ 580 BGB: Verstirbt der Mieter während der Dauer des Vertrages, können sowohl seine Erben als auch der Vermieter das Mietverhältnis innerhalb eines Monats, nachdem sie vom Tod des Mieters Kenntnis erlangt haben, unter Einhaltung der gesetzlichen Frist außerordentlich kündigen. Das Kündigungsrecht ist in § 580 BGB festgeschrieben. Diese gesetzliche Vorschrift wird häufig übersehen. Sie hat jedoch zur Folge, dass der Vermieter nach dem Tod des Mieters kündigen kann. Ein Verkauf oder eine Verpachtung der Apotheke wäre für die Erben dann unmöglich, weil sie nicht mehr über die Apothekenbetriebsräume verfügen können. Diese Regelung entspricht daher nicht den Bedürfnissen des Apothekers, der gerade nach seinem Tod eine dauerhafte Sicherung der Familie durch die Apotheke erreichen will. Um also Verkauf und Verpachtung der Apotheke sicherzustellen, sollten Sie im Mietvertrag vereinbaren, dass zwar die Erben nach dem Tod des Mieters frei entscheiden können, ob das Mietverhältnis fortgesetzt werden soll, aber der Vermieter kein Kündigungsrecht hat. Aus diesem Grund wird in Geschäftsraummietverträgen regelmäßig die Anwendung des § 580 BGB für den Vermieter ausgeschlossen. Achten Sie darauf, dass dies auch tatsächlich vereinbart wird!

Untervermietung/Übertragung des Mietvertrags: Damit für Sie ein Verkauf oder eine Verpachtung Ihrer Apotheke möglich ist, sollten Sie in den Mietvertrag unbedingt schon von Beginn an das Recht zur Untervermietung und zur Übertragung des Mietvertrages mitvereinbaren. Diese Rechte sehen wie folgt aus: Für den Fall des Verkaufs der Apotheke sollte der Vermieter mit der Übertragung des Mietvertrages vom Mieter auf den Käufer grundsätzlich einverstanden sein. Weiterhin sollte im Falle einer Verpachtung der Apotheke gem. § 9 Abs. 1 Apothekengesetz ebenfalls die Erlaubnis des Vermieters vorliegen, die Räume unterzuvermieten beziehungsweise einem Dritten zu überlassen.

TIPP

Auch der Mietvertrag muss frühzeitig in die Kauf- oder Pachtverhandlung miteinbezogen werden. Wenn ein vorhandener Mietvertrag vom Verkäufer oder Verpächter übernommen wird, sollte dieser sorgfältig von einem Fachmann, der sich auch im Apothekenrecht auskennt, überprüft werden.

2.7 Die Übernahme von Arbeitsverträgen

»Jeder bekommt das Personal, das er verdient.« Dieser alte »Personaler«spruch mag
für viele Apotheken gelten und sich oftmals bewahrheiten, da eine falsche Personalpolitik zu arbeitsrechtlichen Problemen führt. Bei der Übernahme einer Apotheke ist dieser Ausspruch jedoch nur bedingt richtig, da der Erwerber mit der Inhaberschaft der
Apotheke auch das gesamte Personal ohne eigenes Zutun übernimmt. Sowohl der Ausspruch von Kündigungen als auch die Anpassung von Verträgen oder das Aushandeln
eigener Arbeitsbedingungen sind sehr schwierig, da die Arbeitnehmer durch die gesetzliche Vorschrift des § 613 a BGB vor allem vor einer Verschlechterung der Arbeitsbedingungen oder Kündigung geschützt sind. Da das Personal einerseits ein wichtiger
Erfolgsfaktor einer neu übernommenen Apotheke ist und andererseits einen großen
Kostenblock der Apotheke darstellt, sollten Sie sich hier besonders wappnen.

2.7.1 Betriebsübergang gemäß § 613 a BGB

Die Schutzvorschrift des § 613 a BGB entspringt wie viele andere Arbeitnehmerschutz-
vorschriften der EU-Richtlinie 77/187 EWG. Ihr legitimer Zweck ist ein umfassender
Schutz des Personals vor Schlechterstellung durch einen Betriebsübergang. Demge-
mäß sind nicht nur die Rechte der Arbeitnehmer sehr umfassend, auch das eigentliche
Vorliegen eines Betriebsübergangs wird sehr weit ausgelegt. Gemäß der Definition liegt
ein Betriebsübergang dann vor, wenn ein Betrieb oder ein Betriebsteil durch Rechtsge-
schäft auf einen anderen Inhaber übergeht (§ 613 a Abs. 1 Satz 1 BGB). Der Erwerber
soll immer dann in die bestehenden Arbeitsverhältnisse eintreten, wenn eine organisatorische Einheit mit einer eigenen technischen Zwecksetzung oder ein Teil einer or-
ganisatorischen Einheit auf ihn übergeht. Dies ist immer dann der Fall, wenn die wirtschaftliche Einheit »Apotheke« bei einem Apothekenverkauf mit Übernahme des Warenlagers, der Belegschaft und der Apothekenräume erfolgt. Auch bei einer Übernahme
einer Apotheke als Pächter liegt ein Betriebsübergang vor, da es auf die Übernahme der
arbeitstechnischen Organisations- und Leitungsmacht ankommt. Wie erwähnt, wird
der Begriff des Betriebsübergangs weit ausgelegt, sodass hier im Einzelfall durchaus
Vorsicht angebracht ist. Im Regelfall reicht bei Handels- und Dienstleistungsbetrieben
der Übergang von immateriellen Betriebsmitteln wie Kundenstamm, Kundenlisten, Geschäftsbeziehungen zu Dritten aus, um einen Betriebsübergang darzustellen. Nicht unbedingt erforderlich ist die Ausübung der Apotheke in den identischen Geschäftsräumen. Auch das Schließen einer Apotheke für einen kurzen Zeitraum setzt noch nicht
die Regelungen des § 613 a BGB außer Kraft.

2.7.2 Eintritt in alle Rechte und Pflichten der Arbeitsverhältnisse

Eine Rechtsfolge des Betriebsübergangs ist der Eintritt des Erwerbers in alle Rechte und Pflichten der Arbeitsverhältnisse. Dies hat effektiv zur Folge, dass die Arbeitsverhältnisse mit den durch den Voreigentümer vereinbarten Arbeitsbedingungen übergehen, sodass der Erwerber praktisch keine Möglichkeit hat, eigene Vertragsbedingungen mit den Arbeitnehmern auszuhandeln. Weiterhin tritt der Erwerber als Übernehmer einer Apotheke auch tatsächlich in die Arbeitgeberstellung ein, sodass die Arbeitnehmer dem Arbeitgeber gegenüber die Haupt- und Nebenleistungspflichten aus dem Arbeitsverhältnis zu erbringen haben. Umgekehrt haben die Arbeitnehmer ab dem Zeitpunkt des Betriebsübergangs alle Ansprüche gegenüber dem Erwerber geltend zu machen. Der neue Betriebsinhaber muss die bei dem bisherigen Apothekeninhaber zurückgelegte Dauer der Betriebszugehörigkeit ebenso gegen sich gelten lassen, wie alle bei diesem entwickelten betrieblichen Übungen, mündlichen Vertragsabsprachen, Bezugnahmen auf den Bundesrahmentarifvertrag et cetera. Auch bereits vor dem Stichtag des Betriebsübergangs entstandene Ansprüche können die Arbeitnehmer gegenüber dem Erwerber geltend machen. Hier tritt in besonderem Maße der Charakter einer Arbeitnehmerschutzvorschrift hervor. Daher stellt sich nunmehr die Frage, ob die übernommenen Arbeitsbedingungen zukünftig geändert werden können. Auch hier gibt § 613 a BGB Aufschluss. Es kommt in der Tat auf eine genaue Gesetzesauslegung an, da in diesem Bereich in der Praxis häufig falsche Aussagen getätigt werden. Folgende landläufige Meinung hat sich durchgesetzt, obwohl sie rechtlich nicht haltbar ist: »Innerhalb einer Frist von einem Jahr nach Betriebsübergang kann ich die Arbeitsbedingungen nicht ändern, danach jedoch ohne Probleme.« Richtig ist folgende Differenzierung: Kollektivrechtliche Ansprüche, das heißt Ansprüche, welche die Arbeitnehmer aufgrund eines Tarifvertrages erhalten, sind Arbeitsbedingungen, die innerhalb eines Jahres grundsätzlich nicht zum Nachteil des Arbeitnehmers geändert werden dürfen (§ 613 a Abs. 1 Satz 2 BGB). Individualrechtliche Ansprüche, das heißt einzelvertraglich vereinbarte Rechte und Pflichten, kann der Betriebsübernehmer gleichwohl sofort ändern und ist hier auf die arbeitsrechtlichen Gestaltungsmittel wie Änderungsvereinbarung oder Änderungskündigung angewiesen.

2.7.3 Kündigungsverbot gemäß § 613 a Absatz 4 BGB

Grundsätzlich ist eine Kündigung eines Arbeitsverhältnisses aus Anlass des Betriebsübergangs sowohl durch den bisherigen als auch den neuen Arbeitgeber rechtsunwirksam (§ 613a Abs. 4 BGB). Dies soll den Arbeitnehmer davor schützen, dass sein Arbeitsplatz durch den Inhaberwechsel gefährdet ist. Auch hier gibt es eine landläufige Meinung: »Nach einem Betriebsübergang kann der Erwerber innerhalb eines Jahres nicht kündigen.« Diese Aussage ist gleich in zweierlei Hinsicht falsch. Die oben angesprochene Jahresfrist hat mit dem Kündigungsverbot aus § 613 a Abs. 4 BGB nichts zu tun. Rein zeitlich gesehen kann somit auch innerhalb eines Jahres nach dem Betriebsübergang gekündigt werden. Es kann sogar durch den Betriebsveräußerer vor dem Betriebsübergang gekündigt werden. Das einzig normierte Verbot ist eine Kündigung aus Anlass des Betriebsübergangs. Dies bedeutet gleichzeitig, dass sowohl der Veräußerer als auch der Erwerber kündigen dürfen, wenn andere Kündigungsgründe vorliegen, zum Beispiel betriebsbedingte, personenbedingte oder verhaltensbedingte Kündigungsgründe. Es kommt zum Beispiel häufiger vor, dass eine Apotheke mit einem zu hohen Personalkostenbestand nicht mehr veräußert werden kann. Hier liegt grundsätzlich ein betriebsbedingter Kündigungsgrund vor; der Altinhaber kann schon vor dem Betriebsübergang einem oder mehreren Mitarbeitern kündigen. Kündigungsgründe bestehen auch gegenüber Familienangehörigen des Betriebsveräußerers, die der Erwerber nicht übernehmen möchte. Möglich sind auch betriebsbedingte Kündigungsgründe des Erwerbers, wenn dieser beispielsweise ein anderes Personalkonzept verwirklichen will und dieses zum Wegfall von Arbeitsplätzen führt. Ein in der Praxis häufiger Fall ist die Anschaffung eines Kommissionierers zur Rationalisierung und Verbesserung der Warenwirtschaft. Wenn durch diese unternehmerische Entscheidung ein Arbeitsplatz eines/einer pharmazeutisch-kaufmännischen Angestellten wegfällt, ist auch hier eine betriebsbedingte Kündigung durch den Veräußerer kurz nach der Apothekenübernahme möglich. Allerdings muss man auch darauf hinweisen, dass eine Kündigung im »Dunstkreis« eines Betriebsübergangs stets mit einem besonderen Risiko behaftet ist, weil bei einem Arbeitsrechtsstreit durch die genaue Darlegung der Kündigungsgründe immer noch die Klippe des § 613a IV BGB umschifft werden muss.

2.7.4 Personalbestand und Arbeitsverhältnisse prüfen

Vor der Übernahme sollte sich der Erwerber unbedingt um Personalbestand und Arbeitsverhältnisse kümmern. Es ist zwingend erforderlich, sich im Vorfeld von dem Inhaber sämtliche Arbeitsverträge, Zusätze zum Arbeitsvertrag, Lohn- und Gehaltslisten aushändigen zu lassen. Die reine Auflistung, wer beschäftigt ist beziehungsweise die Aushändigung eines Lohnjournals reicht keineswegs aus. Wenn (wie leider häufig) keine schriftlichen Arbeitsbedingungen vorhanden sind, muss der Betriebsveräußerer über die Arbeitsvertragsbestandteile, mündliche Zusätze zum Arbeitsvertrag, betriebliche Übungen wie Weihnachtsgeld, Sonderzahlungen, Prämien, Fahrgeld et cetera genauestens aufklären. Fordern Sie hier den Veräußerer auf, dass er mit den Arbeitnehmern vor Übergabe schriftliche Arbeitsverträge vereinbart. Dies erspart Ihnen nach der Übernahme die unangenehme Arbeit, erstmals Arbeitsbedingungen zu sichten und schriftlich festzuhalten, die sie gar nicht selbst vereinbart haben. Es ist sogar empfehlenswert, inakzeptable Arbeitsbedingungen bereits im Vorfeld zu verhandeln. Wenn zum Beispiel in der Apotheke ein übertarifliches Gehalt in Höhe von 30 Prozent über Tarif gezahlt wird, sollten Sie den Inhaber auffordern, dies noch vor Übergabe rechtssicher mit den

Arbeitnehmern abzuändern. Bedenken Sie, dass nach der Übergabe allein Sie das volle arbeitsrechtliche Risiko trifft.

Falls Sie eine Apotheke übernommen haben und die Arbeitsbedingungen zum Nachteil der Arbeitnehmer ändern müssen, ist es ratsam, Einzelgespräche mit den Mitarbeitern zu führen. Abzuraten ist von der harten Maßnahme einer Änderungskündigung! Auch diese in der Praxis häufig empfohlene Vorgehensweise bringt viel Unruhe ins Personal und steht arbeitsrechtlich auf tönernen Füßen.

Auch wenn Sie keine Arbeitsbedingungen ändern müssen, sollten Sie sich grundsätzlich im Übernahmevertrag absichern und hier zivilrechtlich festlegen, dass der Apothekenveräußerer die arbeitsrechtlichen Rechte und Pflichten bis zum Stichtag der Apothekenübernahme trägt. Bedenken Sie, dass die Arbeitnehmer sich rechtlich ab dem Zeitpunkt der Übernahme an Sie halten werden. Sollten Sie dann von den Arbeitnehmern zum Beispiel für noch offene Urlaubsansprüche oder nicht bezahltes Gehalt durch den Vorgänger in Anspruch genommen werden, haben Sie einen vertraglichen Ausgleichsanspruch gegenüber dem Apothekenveräußerer.

TIPP

Fragen Sie den Veräußerer konkret, welcher Mitarbeiter sich noch in Mutterschutz oder Elternzeit befindet. In der Praxis werden solche Arbeitsverhältnisse häufig insbesondere durch den Veräußerer übersehen und nicht mitgeteilt. Da diese Arbeitnehmer jedoch einen Anspruch auf Wiedereinstellung zu den alten Bedingungen haben, müssen Sie auch diese ruhenden Arbeitsverhältnisse in die Personalkostenplanung mit einbeziehen. Weitere Hinweise zum Themenbereich Personal und Arbeitsrecht finden Sie im Kapitel 6.

2.8 Die Übernahme von sonstigen Dauerverträgen

Neben den Arbeitsverträgen sind bei der Übernahme auch die sonstigen Dauerverträge, die der Voreigentümer abgeschlossen hat, zu beachten. Dazu zählen vor allem die Verträge für das Warenwirtschaftssystem, sonstige Leasingverträge für Einrichtungsgegenstände und Firmenwagen sowie Versicherungsverträge.

Das EDV- oder Warenwirtschaftssystem der Apotheke ist in der Regel geleast. Dieser Dauervertrag muss im Gegensatz zu den Arbeitsverträgen vom Erwerber nicht übernommen werden. Jedoch hat sich üblicherweise der Verkäufer kein Sonderkündigungsrecht für den Fall des Apothekenverkaufs vom EDV-Leasinggeber einräumen lassen können und wird daher auf eine Übernahme drängen. Wenn Einigkeit darüber besteht, dass der Vertrag übernommen werden soll, wird dies in dem Kaufvertrag/Pachtvertrag mit-

vereinbart. Wenn Sie einen anderen Anbieter oder eine andere Art des Warenwirt-
schaftssystems bevorzugen, sollten Sie verhandeln. Allerdings macht in der Regel der
Verkäufer den Verkauf der Apotheke von der Übernahme des EDV-Systems abhängig.

Auch die Übernahme von geleasten Firmenwagen ist Verhandlungssache. Der Verkäu-
fer/Verpächter kann diese auch dem Betriebsvermögen entnehmen und sie weiter selbst
nutzen.

Bei Versicherungsverträgen muss differenziert werden: Persönliche Versicherungen wie
die Betriebshaftpflichtversicherung, eine betriebliche Rechtsschutzversicherung, die
Krankentagegeldversicherung et cetera sind personengebunden und gehen nicht auf
den Käufer über. Wenn das Apothekengebäude mit gekauft wird, geht die Gebäudever-
sicherung per se auf den neuen Eigentümer über. Hier besteht aber im Regelfall ein drei-
monatiges Sonderkündigungsrecht des Erwerbers. Die Glasversicherung für die Schau-
fensterscheibe endet mit Übergabe der Apotheke. Es empfiehlt sich, vor dem Übergang
einen Fachmann hinzuzuziehen, der die vorhandenen Verträge prüft und feststellt, ob
genügend Versicherungsschutz vorhanden ist.

Neben Versicherungsverträgen sind sonstige Leasingverträge für Einrichtungsgegenstände, Lieferantenverträge und eventuell Dauerwerbeverträge zu beachten. Auch hier
gilt die Regel, dass eine Übernahme (wenn diese stattfinden soll) im Kaufvertrag/Pacht-
vertrag geregelt werden muss. Diese Regelung sollte unbedingt eine Verpflichtung zur
Offenlegung der gesamten Verträge und Geschäftsunterlagen mit den jeweiligen Fir-
men durch den Verkäufer enthalten. Weiterhin muss die Klausel enthalten, dass der Verkäufer den Vertragspartnern die Überleitung der Verträge anzeigt und die erforderliche
Zustimmung einholt.

TIPP

*Aufmerksamkeit und geschickte Verhandlungen sind auch bei den zunächst nicht so ins
Auge fallenden Dauerverträgen angebracht. Überflüssige Verträge sollten nicht übernommen oder im Gegenzug eine Reduktion des Kaufpreises verlangt werden. Vorher
sollte jedoch der Vorteil einer gut gehenden, lang andauernden Geschäftsbeziehung zu
den jeweiligen EDV-Anbietern, Lieferanten und Versicherungen mit ins Kalkül gezogen
werden.*

2.9 Steuerrechtliche Folgen

Der Käufer sollte sich auch über steuerrechtliche Folgen eines Apothekenkaufs umfassend informieren. Aufgrund der zahlreichen hier zu beachtenden Regelungen sind im
Folgenden nur die grundsätzlich den Käufer betreffenden steuerlichen Folgen beim Kauf

einer Apotheke aufgeführt. Eine grundlegende Einführung zu Buchhaltung und Bilanz sowie die anfallenden Steuern eines selbstständigen Apothekers sind in Kapitel 4 nochmals dargestellt. Hier sind auch die Grundsätze zur Abschreibung des Firmenwerts und sonstigen Wirtschaftsgütern erläutert. Wenn Sie eine Apotheke übernommen haben, sind Sie als Kaufmann und Betreiber eines Handelsgewerbes verpflichtet, eine Eröffnungsbilanz zu erstellen. Hierin sind die nach dem Kaufvertrag übernommenen sowie die privat eingelegten Wirtschaftsgüter aufzunehmen und zu bewerten. Die Bewertung geschieht wie folgt:

▨ Übernommene Verbindlichkeiten sind mit dem Rückzahlungsbetrag anzusetzen.

▨ Übernommene Forderungen sind mit dem Nennbetrag anzusetzen.

▨ Sonstige Aktiva inklusive Firmenwert, Einrichtung und Warenlager werden mit den Anschaffungskosten angesetzt.

▨ Eingelegte Wirtschaftsgüter (zum Beispiel Pkw) sind mit dem aktuellen Verkehrswert anzusetzen.

Die Aufstellung und Bewertung erfolgt durch einen Steuerberater, sodass Ausführungen zu Bilanzierung und Bewertung an dieser Stelle sekundär sind. Interessant für Sie als Erwerber ist zunächst, dass Sie den Kaufpreis, der auf die einzelnen materiellen und immateriellen Wirtschaftsgüter des Anlagevermögens entfällt, über den Zeitraum der jeweiligen voraussichtlichen Restnutzungsdauer abschreiben können. Dabei ist zu beachten, dass die Nutzungsdauer für den Firmenwert gem. § 7 Abs. 1 Satz 3 EStG gesetzlich festgelegt wurde. Der auf den Firmenwert entfallende Teil des Kaufpreises ist in der Steuerbilanz über 15 Wirtschaftsjahre abzuschreiben. Wichtig ist somit aus Käufersicht das Thema der Abschreibungen, welches sich insbesondere in den ersten Wirtschaftsjahren finanziell auswirkt. Wichtig zum jetzigen Zeitpunkt der Übernahme ist die Information, dass zwar einerseits der erwirtschaftete Gewinn eines im Inland geführten Gewerbebetriebs der Gewerbesteuer unterliegt. Nicht erfasst sind jedoch die Gewinne, die nach der aktiven Tätigkeit zum Beispiel aufgrund der Übertragung des Betriebs erzielt worden sind. Der Veräußerungsvorgang und somit der Veräußerungsgewinn unterliegen demnach nicht der Gewerbesteuer. Der Vollständigkeit halber sei angemerkt, dass im Falle der Übertragung von Grundbesitz bei der Betriebsveräußerung Grunderwerbsteuer anfällt. Bemessungsgrundlage für die Grunderwerbsteuer ist der Wert der Gegenleistung, also der Kaufpreis für den Grundbesitz. Die Grunderwerbsteuer beträgt 3,5 Prozent des Kaufpreises. Sie gehört zu den Anschaffungskosten und ist mit diesen abzuschreiben; sie kann also nicht direkt abgesetzt werden. Wenn statt einer Einmalzahlung eine Ratenzahlung des Kaufpreises von bis zu zehn Jahren Laufzeit im Kaufvertrag vereinbart wurde, gelten grundsätzlich ebenfalls die oben genannten Grundsätze, insbesondere zur Abschreibungsdauer.

Eine Apothekenübernahme unterliegt grundsätzlich nicht der Umsatzsteuer, sofern Sie als Erwerber die Apotheke tatsächlich fortführen. Sollte eine tatsächliche Fortführung aus irgendeinem Grund nicht gegeben sein, fällt Umsatzsteuer an, da der Verkauf steuerbar wird.

2.10 Pacht oder Filialleitung als Alternative zum Erwerb

2.10.1 Die Pacht

Eine Apotheke kann auch in Form einer Pacht gem. § 581 BGB übergehen. Im Unterschied zum Kauf wird die Apotheke bei der Pacht nicht erworben, sondern lediglich zur sogenannten Fruchtziehung für eine bestimmte Laufzeit und gegen Zahlung einer Pacht übernommen. Dabei ist der Pachtvertrag grundsätzlich formfrei, er kann also auch mündlich geschlossen werden. Es ist jedoch ratsam, den Vertrag schriftlich abzufassen. Wenn der Vertrag länger als ein Jahr dauert, ist die Schriftform ohnehin erforderlich. Da es sich bei der Pacht um eine Gebrauchsüberlassung handelt, wird kein Eigentum an dem Apothekenvermögen wie Geschäftswert beziehungsweise an den Einrichtungsgegenständen erworben. Lediglich das Warenlager wird dem Pächter gegen Entrichtung eines Kaufpreises zum Eigentum übertragen. Auf den Inventurwert der verkäuflichen Waren (Netto-EK) wird zum Ausgleich für die dem Verpächter eingeräumten Skonti und Rabatte ein Nachlass gewährt, dessen Höhe Verhandlungssache ist, regelmäßig 5 bis 7 Prozent. Es empfiehlt sich, mit der Inventur eine neutrale Fachfirma zu beauftragen. Durch den Pachtvertrag wird dem Pächter die Apotheke zum Gebrauch überlassen, er erwirbt jedoch kein Eigentum hieran. Der Verpächter bleibt Inhaber der Apotheke. Als Pachtzeit wird üblicherweise ein Zeitraum von fünf Jahren gewählt, wobei normalerweise eine Verlängerung vereinbart wird, wenn der Vertrag nicht mit einer angemessenen Frist (in der Regel neun Monate) zum Vertragsende gekündigt wird. Weitere Voraussetzung für die Verpachtung ist, dass der Verpächter die Verfügungsbefugnis über die Apothekenbetriebsräume innehat. In der Praxis bedeutet dies, dass die Räumlichkeiten entweder in seinem Eigentum stehen oder er im Besitz eines Mietvertrags über die Räume sein muss. Nur wenn das der Fall ist, ist er überhaupt in der Lage, dem Pächter die Nutzung der Apotheke zu ermöglichen. Üblicherweise wird dem Pächter für den Fall, dass der Verpächter die Apotheke während der Pachtzeit verkaufen will, ein Vorkaufsrecht eingeräumt. Wenn der Verpächter keinen anderen Betriebsnachfolger als den Pächter ins Auge gefasst hat, wird zumeist zu Beginn oder während des Pachtverhältnisses ein Ankaufsrecht für den Pächter bezüglich der Apotheke vereinbart. Dieses Ankaufsrecht ist formfrei, soweit nur die Apotheke betroffen ist. Soll auch für das Apothekengebäude ein Ankaufsrecht vereinbart werden, bedarf dieses der notariellen Form. Das Ankaufsrecht regelt, dass bereits im Vertrag die Konditionen und Modalitäten für den Übergang der Apotheke vertraglich bestimmt werden. Im Vertrag über das Ankaufsrecht wird meist vereinbart, dass der Wert der Apotheke durch einen

Sachverständigen zum Zeitpunkt des Kaufs festzustellen ist. In der heutigen Zeit ist eine Festlegung des Kaufpreises bereits bei Abschluss des Ankaufsrechtsvertrages sicherlich nicht mehr denkbar, da der Apothekenwert über einen Zeitraum von mehreren Jahren stark schwanken kann.

> *Als Pächter sollten Sie unbedingt ein Vorkaufsrecht beziehungsweise ein Ankaufs- recht vereinbaren, um die Möglichkeit des späteren Kaufs der Apotheke nicht zu gefährden.*

TIPP

Hinsichtlich des unbedingt zu vereinbarenden Wettbewerbsverbots sei auf die Ausführungen zum Kaufvertrag verwiesen. Auch im Rahmen der Pacht sollte darauf geachtet werden, dass ein revisionsfähiger Betrieb übergeht.

2.10.2 Die Höhe der Pacht

Ob sich die Pacht einer Apotheke lohnt, bestimmt insbesondere die Pachthöhe. Die Pacht folgt dabei ihren eigenen Gesetzen, weil sie einerseits dem Pächter genügend Freiraum geben muss, eine Apotheke wirtschaftlich sinnvoll betreiben zu können. Andererseits verzichtet der Verpächter auf die Zahlung eines Kaufpreises und ist somit noch über einen längeren Zeitraum auf die Pachtzahlung als Lebensgrundlage oder Altersabsicherung angewiesen. In der Praxis hat sich eine (allerdings grobe) Faustformel dergestalt herausgebildet, dass dem Pächter als wirtschaftlich aktiven Teil zwei Drittel des Ertrags der Apotheke zustehen sollten, dem Verpächter ein Drittel. Aber Vorsicht: Hierbei handelt es sich nur um einen ungefähren Anhaltspunkt und keinesfalls um eine legitime Berechnungsgrundlage. Dieser Richtwert muss jedoch insofern weiterhelfen, da aktuell erbitterte Kämpfe über die Höhe einer angemessenen Pacht beziehungsweise über Pachtanpassungen vielerorts in Deutschland ausgefochten werden. Grund hierfür ist die Verschiebung der Kennzahlen, durch die eine Apotheke betriebswirtschaftlich bewertet wird. Diese Verschiebung erfolgte durch den veränderten Apothekenmarkt seit dem Beitragssatzsicherungsgesetz 2003 und den Nachfolgegesetzen GMG, AVWG und GKV-Wettbewerbsstärkungsgesetz. Früher wurde die Pachthöhe an die Höhe des Umsatzes der Apotheke gekoppelt. Diese betrug je nach Größe der Apotheke regelmäßig zwischen 4 und 8 Prozent des Umsatzes. Diese Sichtweise ist jedoch allein durch die Umstellung der Arzneimittelpreisverordnung durch das GMG hin zu einem Festzuschlag von 8,10 Euro pro Medikament kaum noch zu rechtfertigen. Der Ertrag der Apotheke hängt nun nicht mehr nur am bloßen Umsatz, sondern an Faktoren wie Rezeptdurchschnitt, GKV- und PKV-Anteil, hochpreisigen und niedrigpreisigen Arzneimitteln und Zusatzverkäufen im OTC-Bereich. Eine Bewertung der Höhe der Pacht ist somit jeweils im Einzelfall anzustellen. In Anbetracht der unsicheren Zeiten im Gesundheitswesen ist darauf zu achten, bei erheblichen Verringerungen des Umsatzes beziehungsweise des Rohgewinns die vertragliche Möglichkeit der Neuverhandlung über den Pachtsatz zu haben. Die wirtschaftliche Leistungsfähigkeit des Pächters, der für die Pacht aufkommen muss, liegt natürlich auch im Interesse des Verpächters. Durch Knebelung des Pächters ist das Bestehen der Apotheke über die Pachtzeit gefährdet. Man sollte als Pächter auch darauf achten, dass Umsatz oder Ertragssteigerungen, die durch den Pächter selbst erwirtschaftet wurden, mit einem geringeren Pachtsatz belegt werden als bereits vorhandener, übernommener Umsatz.

2.10.3 Gesetzliche Grundlage § 9 Apothekengesetz

Die Verpachtung einer Apotheke ist in § 9 Apothekengesetz geregelt und soll vor allem dem Verpächter ermöglichen, die Apotheke für eine (längere) Überbrückungszeit in eigenem oder Familieneigentum zu erhalten. Die Verpachtungsberechtigung ist im Wesentlichen in drei Fällen gegeben:

1. Es muss ein wichtiger Grund in der Person des Apothekers liegen, seine Apotheke nicht mehr selbst betreiben zu können. Wichtige Gründe sind zum Beispiel eine länger andauernde Erkrankung, Alter, Wahl in ein Parlament oder Versetzung des Ehepartners.

2. Nach dem Ableben des Erlaubnisinhabers können seine erbberechtigten Kinder die Apotheke bis zu dem Zeitpunkt verpachten, in dem das jüngste Kind das 23. Lebensjahr vollendet hat. Erbberechtigt bedeutet, dass die Kinder konkret Erben beziehungsweise Miterben aufgrund gesetzlicher Erbfolge, Testament oder Erbvertrag geworden sind. Die Stellung als bloßer Vermächtnisnehmer ist nicht ausreichend, um die Verpachtungsberechtigung zu erlangen. Hinzu kommt noch die Voraussetzung, dass sich die Apotheke als solche im Nachlass befindet und nicht durch anderweitige testamentarische Verfügung zum Beispiel einer anderen Person vermacht worden ist. Die Verpachtungsberechtigung erlischt, wenn das jüngste Kind das 23. Lebensjahr vollendet hat. Will jedoch das jüngste Kind den Apothekerberuf ergreifen und hat das Studium bis zum 23. Lebensjahr aufgenommen, kann die Verpachtungsberechtigung bis zur Beendigung des Studiums und der Möglichkeit, die Betriebserlaubnis zu erhalten, verlängert werden. Das Studium muss jedoch in der Regelstudienzeit absolviert werden.

3. Nach dem Ableben kann der überlebende Ehegatte bis zum Zeitpunkt seiner Wiederverheiratung die Apotheke verpachten. Hierfür muss der Ehegatte erbberechtigt sein. Insoweit wird auf die Ausführungen zur Erbberechtigung der Kinder verwiesen.

Ansonsten ergeben sich für den Pächter apothekenrechtlich keine Besonderheiten Die Betriebserlaubnis ist an die gleichen Voraussetzungen wie beim Verkauf der Apotheke geknüpft (siehe Checkliste im Anhang des Buches). Der Verpächter bedarf ebenfalls der aufsichtsbehördlichen Erlaubnis zur Verpachtung.

2.10.4 Die Filialisierung

Seit dem 1. Januar 2004 ist es möglich, als Apotheker eine Hauptapotheke und bis zu drei Filialen zu betreiben. Die Erlaubnis zum Betrieb mehrerer Apotheken wird genau wie die ursprüngliche Betriebserlaubnis dann erteilt, wenn der Apotheker die persönlichen, sachlichen und ortsorientierten Voraussetzungen erfüllt (sog. Mehrbetriebserlaubnis). Die Hauptapotheke und die Filialapotheken müssen innerhalb desselben Kreises oder derselben kreisfreien Stadt oder zumindest in benachbarten Kreisen oder kreisfreien Städten liegen (§ 2 Abs. 4 ApoG). Weiterhin ist gefordert, dass die Hauptapotheken und die Filialapotheken vollständig eingerichtete Apotheken hinsichtlich der Räumlichkeiten und der Ausstattung darstellen (Offizin, Labor, etc.).

Sie benötigen weiterhin für jede Filiale, die Sie betreiben, einen Filialapothekenleiter, der als verantwortlicher Apotheker der Aufsichtsbehörde gegenüber zu benennen ist. Der Filialapothekenleiter übernimmt die fachliche Leitung der Apotheke. Obwohl er eine hohe Verantwortung trägt, bleibt er Arbeitnehmer. In seltenen Fällen wird ein Filialapothekenleiter auch die vollständigen Geschäftsführungsbefugnisse der Filiale von dem Hauptapothekenleiter übertragen bekommen.

Die Gründe für die Erweiterung des Apothekenbetriebs um eine Filiale können vielfältiger Natur sein. In der Praxis ist die Erschließung eines neuen Standortes, die Konkurrenzabwehr oder die Möglichkeit, eine gut gehende Apotheke zu übernehmen, am häufigsten anzutreffen.

Vor dem Zukauf einer Filiale muss jedoch unbedingt eine Wirtschaftlichkeitsberechnung erfolgen. Die Filialapotheke muss als eigenständige Apotheke trotz der durch den Filialleiter höheren Personalkosten einen entsprechenden Ertrag erwirtschaften. Dies gilt vor allem, wenn der Kaufpreis für die Filiale finanziert wurde.

Abseits der finanziellen Gegebenheiten stellt eine kleine Apothekenkette auch wesentlich höhere Anforderungen an die Organisation durch den Inhaber. Hier muss man insbesondere im Bereich von Arbeitsprozessen und Controlling viel professioneller arbeiten, als dies bei einer Einzelapotheke notwendig wäre. Ansonsten wird die zeitliche Belastung nicht mehr zu bewältigen sein. Als Einsteiger sollte man sich den Zukauf einer Filiale doppelt überlegen. Es ist viel leichter, ein jahrelang gutes Konzept auf eine Filiale zu übertragen, als zwei Apotheken erst einmal wirtschaftlich beherrschen zu lernen. Trotzdem gibt es im Einzelfall immer wieder Chancen, die man sich nicht entgehen lassen darf.

3 Planen, finanzieren, investieren

3.1 Die Finanzierung

Nachdem die ersten Vertragsverhandlungen zum Kauf oder der Neugründung einer Apotheke stattgefunden haben, muss ein Investitionsplan erstellt werden. Dieser beinhaltet sämtliche Investitionen, die für Ihre Apotheke erforderlich sind. Bei einer Übernahme stellt dies kein besonders großes Problem dar, denn die Investitionen ergeben sich konkret aus den Vertragsverhandlungen und lassen sich mithin sehr genau kalkulieren. Bei einer Neugründung ist die Ermittlung des Investitionsvolumens wesentlich schwieriger, da für sämtliche Anschaffungen wie zum Beispiel Einrichtung, Labor, eventuell Kommissionierer, EDV, Umbaumaßnahmen et cetera Angebote eingeholt werden müssen. Die Praxis hat erwiesen, dass hier häufig noch mit zusätzlichen, nicht vorhergesehenen Kosten zu rechnen ist. Aus diesem Grund ist ein Sicherheitszuschlag auf die Investitionssumme vorzunehmen. Die Summe der Investitionen ergibt den Umfang des Kapitalbedarfs. Nachdem der Kapitalbedarf ermittelt wurde, stellt sich die Frage, wie dieser gedeckt werden kann. Hierbei ist die »goldene Finanzierungsregel«, nämlich der Grundsatz der Fristenkongruenz zu beachten. Diese Regel besagt, dass alles, was dem Betrieb langfristig dienen wird, auch langfristig finanziert werden muss, hier insbesondere Firmenwert und Einrichtung. Dem Betrieb kurzfristig dienende Güter wie das Warenlager sind somit auch nur kurzfristig zu finanzieren.

Nachdem der Kapitalbedarf ermittelt wurde, stellt sich die Frage nach der Beschaffung des Kapitals. Hier unterscheidet man zwischen der Eigen- und Fremdfinanzierung.

Bei der Eigenfinanzierung handelt es sich um Einlagen in das Betriebsvermögen, die sogenannte Zufuhr von Eigenkapital. Das Eigenkapital vor Gründung oder Übernahme einer Apotheke kann sich zum Beispiel aus Ersparnissen, Immobilien, Erbschaften et cetera ergeben. Wichtig bleibt jedoch anzumerken, dass das Vorhandensein von Eigenkapital nicht zwingend notwendig für die Übernahme einer Apotheke ist, aber von Banken häufig vorausgesetzt wird.

Da das vorhandene Eigenkapital zur Finanzierung der Apotheke meist nicht ausreicht, muss zusätzliches Fremdkapital in Anspruch genommen werden. Das Fremdkapital besteht in der Regel aus Mitteln einer Bank und wird dem Apotheker gegen Zinsleistungen für einen bestimmten Zeitraum zur Verfügung gestellt. Neben den Kreditinstituten besteht selbstverständlich auch die Möglichkeit, sich Kapital innerhalb der Familie oder über den Großhandel (Finanzierung des Warenlagers) zu beschaffen.

Bei der Beschaffung von Fremdkapital lassen sich drei verschiedene Formen der Finanzierung nennen:

▨ Annuitätendarlehen,

▨ Tilgungsdarlehen,

▨ endfälliges Darlehen.

3.1.1 Das Annuitätendarlehen

Beim Annuitätendarlehen hat der Darlehensnehmer eine feste Rate zu zahlen. Diese feste Rate umfasst die Tilgung und die Zinsen: Durch die kontinuierliche Tilgung verringert sich der Zinsanteil ständig. Dementsprechend nimmt der Tilgungsanteil zu. Großer Vorteil des Annuitätendarlehens ist, dass von Beginn der Darlehensaufnahme bis zur vollständigen Tilgung des Darlehens mit einer festen Rate kalkuliert werden kann.

BEISPIEL

Annuitätendarlehen
Finanzierung Einrichtung 100 000 Euro, monatliche Rate 1079,21 Euro, Laufzeit zehn Jahre, Zinssatz 5 Prozent (Tabelle 6).

Jahr	monatliche Rate	jährliche Raten	Tilgung	Zinsen	Stand Darlehen
1	1 079,21	12 950,46	7 950,46	5 000,00	92 049,54
2	1 079,21	12 950,46	8 347,98	4 602,48	83 701,56
3	1 079,21	12 950,46	8 765,38	4 185,08	74 936,18
4	1079,21	12 950,46	9 203,65	3 746,81	65 732,53
5	1 079,21	12 950,46	9 663,83	3 286,63	56 068,70
6	1 079,21	12 950,46	10 147,02	2 803,44	45 921,68
7	1 079,21	12 950,46	10 654,37	2 296,08	35 267,31
8	1 079,21	12 950,46	11 187,09	1 763,37	24 080,22
9	1079,21	12 950,46	11 746,45	1 204,01	12 333,77
10	1 079,21	12 950,46	12 333,77	619,89	0,00

Tab. 6: Beispiel Annuitätendarlehn. Alle Angaben in Euro.

3.1.2 Das Tilgungsdarlehen

Beim Tilgungsdarlehen wird lediglich eine feste Tilgungsrate vereinbart. Die laufenden Zahlungen umfassen mithin einen gleich bleibenden Tilgungsanteil und die Zinsen. Durch die Tilgung nehmen die Zinsen betragsmäßig ab und somit auch die jährliche Leistung.

Tilgungsdarlehen
Finanzierung Einrichtung 100 000 Euro, jährliche Tilgung 10 000 Euro, Laufzeit zehn Jahre,
Zinssatz 5 Prozent (Tabelle 7).

Jahr	monatliche Raten	jährliche Tilgungen	Zinsen	Gesamt-Leistungen	Stand Darlehen
1	Variabel	10 000,00	4 770,79	14 770,79	90 000,00
2	Variabel	10 000,00	4 270,80	14 270,80	80 000,00
3	Variabel	10 000,00	3 770,79	13 770,79	70 000,00
4	Variabel	10 000,00	3 270,80	13 270,80	60 000,00
5	Variabel	10 000,00	2 770,81	12 770,81	50 000,00
6	Variabel	10 000,00	2 270,80	12 270,80	40 000,00
7	Variabel	10 000,00	1 770,81	11 770,81	30 000,00
8	Variabel	10 000,00	1 270,81	11 270,81	20 000,00
9	Variabel	10 000,00	770,80	10 770,80	10 000,00
10	Variabel	10 000,00	270,81	10 270,81	0,00

Tab. 7: Beispiel Tilgungsdarlehen. Alle Angaben in Euro.

3.1.3 Das endfällige Darlehen

Bei dem endfälligen Darlehen wird nicht in Raten getilgt, sondern es erfolgt die Tilgung des Darlehens am Ende der Laufzeit in einer Summe. Während der gesamten Laufzeit bleibt die Kreditschuld in voller Höhe bestehen, mit der entsprechenden Zinsbelastung, immer ausgehend von dem ursprünglichen Kreditvertrag.

Als Alternative zur Tilgung erfolgt die Tilgungsleistung als Zahlung zum Beispiel in eine Lebensversicherung oder in einen Fondssparplan. Hier werden die Jahresleistungen verzinslich angesammelt. Bei Fälligkeit des Darlehens wird dieses mit der Lebensversicherung beziehungsweise mit dem Depotguthaben des Fondssparens abgelöst. Das endfällige Darlehen bietet seine Chancen und Risiken. Ist die Verzinsung bei der sogenannten Geldanlage entsprechend gut und ergibt sich der prognostizierte Ausschüttungsbetrag, kann in der Anlage der Tilgung ein echter Vorteil liegen. In der Vergangenheit wurden jedoch häufig die Werte der entsprechenden Kalkulation aufgrund der wirtschaftlichen Situation nicht erreicht. Daher genügte der Ausschüttungsbetrag aus der Lebensversicherung oder dem Fondssparen nicht, um das Darlehen am Ende der Laufzeit abzulösen. Häufig musste dann noch eine Anschlussfinanzierung erfolgen. Aus steuerlichen Gründen kann diese Alternative durchaus sinnvoll sein: Die Zinsen des Darlehens werden immer auf den ursprünglichen Kreditbetrag gezahlt und sind in voller Höhe abzugsfähig, die eventuellen Wertsteigerungen beim Fondssparen unterliegen nicht der Besteuerung und sind somit steuerfrei. (Nach dem derzeitigen Stand der Unternehmenssteuerreform sollen ab 2009 die Wertzuwächse von Fonds bei der Veräußerung steuerpflichtig sein.) Hierbei ist noch zu beachten, dass seit dem Jahr 2005 die Überschussanteile aus Lebensversicherungen ebenfalls der Besteuerung unterliegen, mithin ist der »Vorteil« der sich aus dem Abschluss einer Lebensversicherung als Tilgungsersatz ergibt, zu relativieren.

BEISPIEL

Endfälliges Darlehen
Finanzierung/Einrichtung 100 000 Euro, Laufzeit zehn Jahre, Zinssatz 5 Prozent, Anlagebetrag monatlich 750 Euro (Tabelle 8).

Jahr	jährlicher Anlagebetrag	jährliche Tilgungen	Zinsen	Gesamtleistungen	Stand Darlehen
1	9 000,00	keine	5 000,00	14 000,00	100 000,00
2	9 000,00	keine	5 000,00	14 000,00	100 000,00
3	9 000,00	keine	5 000,00	14 000,00	100 000,00
4	9 000,00	keine	5 000,00	14 000,00	100 000,00
5	9 000,00	keine	5 000,00	14 000,00	100 000,00
6	9 000,00	keine	5 000,00	14 000,00	100 000,00
7	9 000,00	keine	5 000,00	14 000,00	100 000,00
8	9 000,00	keine	5 000,00	14 000,00	100 000,00
9	9 000,00	keine	5 000,00	14 000,00	100 000,00
10	9 000,00	keine	5 000,00	14 000,00	100 000,00

Tab. 8: Beispiel Endfälliges Darlehen. Alle Angaben in Euro.

Eine Prognoserechnung des Fondssparens bis zur Auszahlung zeigt Tabelle 9.

Eingezahltes Kapital in zehn Jahren (Euro)	Mögliche Wertsteigerung (Prozent)	Mögliche Auszahlung (Euro)
90 000,00	2,5	102 190,70
90 000,00	5,0	116 244,04
90 000,00	7,5	132 439,17

Tab. 9: Prognoserechnung des Fondsparens.

Wie hoch die Auszahlung sein wird und ob dieses Modell Erfolg haben wird, steht erst am Ende der Laufzeit fest.

3.1.4 Der Kontokorrentkredit

Neben den Darlehen muss mit der entsprechenden Bank noch über einen Kontokorrentkredit verhandelt werden. Dies ist ein Kredit in laufender Rechnung zwischen Bank und Unternehmen, vereinbart über einen Kontokorrentvertrag. Der Kontokorrentkredit entspricht dem Dispositionskredit einer Privatperson. Die Konditionen für einen solchen Kredit sind häufig variabel und somit sehr aufmerksam zu überwachen. Wichtig ist ebenfalls, die Höhe der möglichen Überziehung zu Beginn sehr genau zu kalkulieren. Eine Überziehung kann zustande kommen, wenn der Großhändler bereits seine Monatsrate abgebucht hat und die Abrechnungsstelle noch nicht die Forderungen überwiesen hat. Sinnvoll ist es, die Kontokorrentlinie möglichst hoch anzusetzen.

3.1.5 Finanzierungsmittel aus öffentlicher Hand

Bei der Beschaffung des Fremdkapitals besteht für Existenzgründer die Möglichkeit der Inanspruchnahme öffentlicher Mittel. Bund und Länder unterstützen Existenzgründer mit verschiedenen Programmen. Die Beantragung erfolgt über die Hausbank. Finanzierungsprogramme erfolgen in der Regel über die KfW-Mittelstandsbank. Genauere Informationen zu den einzelnen Programmen können bei der Hausbank oder im Internet unter www.kfw.de abgefragt werden.

3.1.6 Nominal- und Effektivzins

Bei Kreditverhandlungen wird in der Regel vom Nominalzins gesprochen. Hierbei handelt es sich um einen Zinssatz, mit dem das Darlehen zu verzinsen ist. Zum Nominalzins kommen jedoch noch Faktoren, die diesen Zinssatz beeinflussen können. Hierzu gehören unter anderem Bearbeitungsgebühren, Disagio, Tilgungsverrechnung, Fälligkeit der Zinsraten, Kreditvermittlungskosten sowie Prämien für Restschuldversicherungen.

Vor allem das Disagio, das heißt die Differenz zwischen Darlehensbetrag und Auszahlungsbetrag, führt zur erheblichen Kostensteigerung. So kann zum Beispiel bei einem Auszahlungsbetrag von 96 Prozent das Disagio 4 Prozent betragen.

BEISPIEL

Darlehensbetrag	100 000 Euro
Auszahlungsbetrag	96 000 Euro
Disagio	4 000 Euro

Werden die oben aufgeführten Kosten entsprechend berücksichtigt, spricht man vom Effektivzins.

Beispiel: Die »Superkreditbank« bietet Ihnen ein Darlehen in Höhe von 100.000 Euro zu einem Nominalzins von 3,95 Prozent, Disagio 4 Prozent und ein Jahr tilgungsfrei, danach halbjährliche Tilgung an. Die »Vorortbank« bietet Ihnen die gleiche Darlehenssumme zu einem Nominalzins von 4,25 Prozent bei vierteljährlicher Tilgung an. Welches Darlehen ist günstiger?

Bei einer Berücksichtigung aller Faktoren ergibt sich für das Darlehen der »Superkreditbank« ein Effektivzins von 4,858 Prozent. Der Effektivzins der »Vorortbank« liegt mit 4,32 Prozent deutlich günstiger.

Bei dem Vergleich von Darlehensangeboten sollte somit immer der Effektivzins ausschlaggebend sein.

3.1.7 Sicherheiten für das Kreditinstitut

Wenn ein Kreditinstitut für die Übernahme oder Gründung einer Apotheke Kapital zur Verfügung stellt, ist es erforderlich, dass der Kreditnehmer Sicherheiten für die Rückführung des Darlehens beibringt. Mögliche Sicherheiten bei der Finanzierung einer Apotheke können sein:

▮ Abtretung der Forderungen an das Rechenzentrum,

▮ Sicherungsübereignung der Einrichtung,

▮ Abtretung des Warenlagers,

▮ Abtretung der Lebensversicherung,

▮ Abtretung der Risikolebensversicherung,

▮ Stellung von Bürgschaften (sollte vermieden werden),

▮ Eintragung einer Grundschuld (sollte vermieden werden).

3.1.8 Kreditverhandlung

Eine Kreditverhandlung mit einer Bank erfordert eine sehr genaue Vorbereitung. Das Kapital- und Investitionsvolumen muss bereits kalkuliert sein. Weiterhin sollten Informationen am Markt über die aktuellen Zinssätze eingeholt werden. Darüber hinaus sollten detaillierte Vorstellungen über die Art und Laufzeit des Kredits sowie über die mögliche Belastung vorliegen. Ebenfalls sollte eine Aufstellung des möglichen Eigenkapitals sowie der zu Verfügung stehenden Sicherheiten erstellt werden. Diese Angaben sollten mit einer Liquiditätsanalyse und Planungsrechnung untermauert werden. Hilfreich ist die Betreuung durch einen Steuerberater, der bei der Vorbereitung auf die Kreditver-handlung die entsprechenden Unterlagen und Analysen erstellen kann und die Kredit-verhandlung begleitet. Eine Beschreibung des Apothekenstandortes (Standortanalyse) sollte ebenfalls vorbereitet sein.

3.1.9 Neue Baseler Eigenkapitalverordnung (»Basel II«)

Basel II soll die Eigenkapitalbasis von Banken stabilisieren und gegen Forderungsaus-fälle schützen. Die Eigenkapitalverordnung für Banken hat Auswirkungen auf die Ver-gabekriterien für Kredite. Basel II verlangt eine risikoäquivalente Eigenkapitalunterle-gung von Krediten. Die Banken führen Ratingverfahren der Kunden durch. Wenn der Kunde von der Bank schlecht »geratet« wird, hat dies Auswirkungen auf die Vergabe des Kredites und die entsprechenden Konditionen. Zusatzkosten der Banken werden an den Kunden weitergegeben.

TIPP

Durch eine übersichtliche und gut organisierte Buchführung, eine Festlegung von klaren Strukturen für das Unternehmen und eine detaillierte Planung kann einem schlechten Rating vorgebeugt und somit die eigenen Kosten reduziert werden.

3.2 Liquiditätsberechnungen: vom Gewinn zum Verfügungsbetrag

Beim Kauf einer Apotheke sind nicht nur die betriebswirtschaftlichen Auswertungen und die Gewinn-und-Verlust-Rechnungen des Vorgängers zur Beurteilung des Unter-nehmens maßgebend, sondern von besonderer Wichtigkeit ist eine Liquiditätsplanung des Übernehmers. Diese Berechnungen hängen in erster Linie von den persönlichen wirtschaftlichen Verhältnissen des Übernehmers ab. Zum Beispiel wie viel Eigenkapital kann eingebracht werden, oder muss die Apotheke ausschließlich mit Fremdmitteln ausgestattet werden? Bevor eine Liquiditätsplanung durchgeführt werden kann, muss eine Rentabilitätsberechnung erstellt werden. Hier ist es empfehlenswert, eine Analyse der letzten drei Wirtschaftsjahre vorzunehmen. Die Gewinne des Vorgängers sind um die neuen Abschreibungen und die Finanzierungskosten zu korrigieren. Es sollte eben-falls berücksichtigt werden, dass eventuell zusätzliche Kosten nach Übernahme ent-stehen werden (zum Beispiel neues EDV-System oder Aufstockung Personalbestand). Der sich aus der Prognoserechnung ergebende Gewinn ist nun maßgebend für die Er-mittlung der Liquidität oder des sogenannten Verfügungsbetrages.

3.2.1 Der Verfügungsbetrag

Der steuerlich ermittelte Gewinn stellt nicht den Verfügungsbetrag dar. Dies ist die wichtigste Erkenntnis, die von Unternehmensgründung an zu beherzigen ist. Der Gewinn beinhaltet steuerliche Abschreibungen, die keinen tatsächlichen Geldabfluss nach sich ziehen. Da der Kaufpreis für eine Apotheke nicht in einer Summe sofort als Betriebsausgaben abgezogen werden kann, sondern auf eine Nutzungsdauer verteilt werden muss (siehe Abschreibungen, zum Beispiel beim Firmenwert 15 Jahre) können im Jahr der Unternehmensgründung und in den folgenden Jahren sogenannte Aufwendungen geltend gemacht werden, die bereits bei Gründung gezahlt wurden und für die in den folgenden Jahren keine Zahlungen mehr geleistet werden müssen. Dies bedeutet, dass der steuerliche Gewinn durch die Abschreibungen gemindert wird, jedoch kein Zahlungsabfluss erfolgt. Man hat somit mehr Geld zur Verfügung, als der Gewinn ausweist.

Eine weitere Abweichung von Gewinn und Verfügungsbetrag ergibt sich durch die Tilgung von Darlehen, diese stellt nämlich keine steuerliche Ausgabe dar. Es sind lediglich die an das Kreditinstitut zu zahlenden Zinsen abzugsfähig, nicht aber die Tilgung. Hierfür gibt es eine einfache Erklärung: Bei Aufnahme und Auszahlung eines Darlehens stellt diese Einnahme auf Ihrem Geschäftskonto einen sogenannten neutralen Posten dar, sprich keine Einnahme. Mithin ist die Rückzahlung, egal ob in monatlichen Raten oder endfällig in einer Summe, keine steuerliche Ausgabe. Somit sind von dem erwirtschafteten Gewinn die Tilgungen entsprechend abzuziehen.

Weiterhin wird von dem Gewinn noch die Einkommensteuer, Kirchensteuer und der Solidaritätszuschlag berechnet und entsprechend an das Finanzamt abgeführt. Zahlungen an das Versorgungswerk und die Krankenkasse müssen ebenfalls noch vom Gewinn gezahlt werden. Somit lässt sich der Verfügungsbetrag wie folgt ermitteln:

Gewinn
-     persönliche Steuern
- \+   Abschreibungen
-     Tilgungen
-     Vorsorgeaufwendungen

=   **Verfügungsbetrag per annum**

Die Berechnung des Verfügungsbetrages lässt sich am besten nochmals am Beispiel »Kauf einer Apotheke« darstellen.

Kauf einer Apotheke zum 1. Januar 2006 mit folgenden Rahmendaten:
Kaufpreis:

- Unternehmenswert   350 000 Euro
- Einrichtung   100 000 Euro
- Warenlager   131 100 Euro

Summe   **581 100 Euro**

Wie hoch ist der tatsächliche monatliche Betrag, über den der Käufer nun verfügen kann?

1. Schritt: Berechung der notwendigen Darlehenstilgung

Da die Finanzierung und Abschreibung wegen des Grundsatzes der Fristenkongruenz in etwa übereinstimmen sollten, wird der Kaufpreis in drei verschiedene Darlehen aufgeteilt. Das Warenlager sollte möglichst kurz finanziert werden, da es nicht »abgeschrieben« wird. Das Darlehen für das Warenlager wird somit auf eine Laufzeit von fünf Jahren zurückgeführt. Die Einrichtung ist bestimmt, dem Unternehmen längerfristig zu dienen, und wird daher mit einem Darlehen von zehn Jahren zugrunde gelegt. Der Firmenwert mit einer Abschreibungsdauer von 15 Jahren wird demzufolge in unserem Beispiel über 15 Jahre finanziert. Der Käufer wendet für den Kauf der Apotheke keine Eigenmittel auf und muss somit den vollen Kaufpreis finanzieren. Beim Darlehen für den Firmenwert wurde ein Disagio unterstellt; folglich wurde der Darlehensbetrag um 17 500 Euro erhöht. Mindestens ein Darlehen sollte mit der Bank mit Sondertilgungsmöglichkeiten vereinbart werden, um ein hohes Maß an Flexibilität zu erhalten. Die Tabelle 10 stellt die Darlehensermittlung im ersten und sechsten Jahr dar. (Um den Effekt der Abschreibung zu verdeutlichen, siehe unten Schritt 2 und 3).

Darlehensberechnung zur Liquidität
Mandant: Kauf Muster-Apotheke

Kontonummer Darlehen	Stand 01.01.2006	Tilgung 2006	Tilgung/LV 2006	Zinsen 2006	Stand 31.12.2006
Firmenwert (15 J.)	367 500,00 €	17 418,97 €		17 272,50 €	350 081,03 €
Einrichtung (10 J.)	100 000,00 €	7 950,46 €	- €	5 000,00 €	92 049,54 €
Warenlager (5 J.)	131 100,00 €	24 447,71 €	- €	4 588,50 €	106 652,29 €
Summe	598 600,00 €	49 817,14 €	- €	26 861,00 €	548 782,86 €

Kontonummer Darlehen	Stand 01.01.2011	Tilgung 2011	Tilgung/LV 2011	Zinsen 2011	Stand 31.12.2011
Firmenwert (15 J.)	271 824,32 €	1 915,73 €	- €	12 775,74 €	249 908,59 €
Einrichtung (10 J.)	56 068,70 €	10 147,02 €	- €	2 803,44 €	45 921,68 €
Warenlager (5 J.)	- €	- €	- €	- €	- €
Summe	327 893,02 €	32 062,75 €	- €	15 579,18 €	295 830,27 €

Tab. 10: Darlehensermittlung zur Liquidität

2. Schritt: Berechnung der Abschreibungen

Laut Beispiel soll der Unternehmenswert 350 000 Euro betragen. Dieser Firmenwert muss nach dem Gesetz auf Nutzungsdauer von 15 Jahren abgeschrieben werden. Die Einrichtung wurde mit 100 000 Euro fixiert. Diese kann, weil sie bereits gebraucht ist, auf fünf Jahre abgeschrieben werden. Da es sich bei dem Warenlager um verbrauchsfähige Güter handelt, ist hier keine Abschreibung vorzunehmen (Tabelle 11). Darlehensberechnung zur Liquidität

3. Schritt: Ermittlung des konkreten Verfügungsbetrags pro Monat

Der Gewinn vor Steuern wurde anhand einer Prognoserechnung ermittelt. Der Unterschied in den Gewinnen 2006 und 2011 liegt in erster Linie bei den Abschreibungen. Nach fünf Jahren ist die Einrichtung abgeschrieben und somit entfällt ein Abschreibungsvolumen von jährlich 20 000 Euro. Des Weiteren ist bereits das Darlehen für das Warenlager nach dem fünften Jahr getilgt. Daher fallen hierfür keine Zinsen mehr an. Die anderen Darlehen sind ebenfalls schon erheblich getilgt worden. Von dem Gewinn vor Steuern ist die persönliche Einkommensteuer, Kirchensteuer und der Solidaritätszuschlag abzuführen und an das Finanzamt zu entrichten. Die Tilgungen sind ebenfalls dem Gewinn zu mindern und die Abschreibungen sind zuzurechnen. Beide Berechnungen können den Schritten 1 und 2 entnommen werden. Von der Liquidität der Apotheke werden nun noch Versorgungswerk, hier der Höchstbetrag und die Krankenversicherung abgezogen. Diese richtet sich nach den persönlichen Verhältnissen des Übernehmers. Nach Abzug aller Posten ergibt sich nunmehr die monatliche Liquidität des Apothekers (Tabelle 12).

Abschreibung zur Liquidität

Mandant: Muster-Apotheke

Bezeichnung	AK 2006	ND	AfA 2006	RBW 2006	AfA 2007	RBW 2007	AfA 2008	RBW 2008
Firmenwert	350 000,00 €	15	23 333,33 €	326 666,67 €	23 333,33 €	303 333,33 €	23 333,33 €	280 000,00 €
Einrichtung	100 000,00 €	5	20 000,00 €	80 000,00 €	20 000,00 €	60 000,00 €	20 000,00 €	40 000,00 €
Summe	**450 000,00 €**		**43 333,33 €**	**406 666,67 €**	**43 333,33 €**	**363 333,33 €**	**43 333,33 €**	**320 000,00 €**

Bezeichnung		ND	AfA 2009	RBW 2009	AfA 2010	RBW 2010	AfA 2011	RBW 2011
Firmenwert	280 000,00 €	15	23 333,33 €	256 666,67 €	23 333,33 €	233 333,33 €	23 333,33 €	210.000,00 €
Einrichtung	40 000,00 €	5	20 000,00 €	20 000,00 €	20 000,00 €	– €	– €	– €
Summe	**320 000,00 €**		**43 333,33 €**	**276 666,67 €**	**43 333,33 €**	**233 333,33 €**	**23 333,33 €**	**210 000,00 €**

Legende: AK = Anschaffungskosten, ND = Nutzungsdauer, RBW = Restbuchwert, AfA = Absetzung für Abnutzung

Tab. 11: Abschreibung zur Liquidität

Darlehensberechnung zur Liquidität
Mandant: Muster-Apotheke

	1. bis 5. Jahr (2006 bis 2010)		6. Jahr 2011	
Gewinn vor Steuern	130 941 €	6,75 %	158 407 €	8,17 %
– Einkommensteuer	– 34 297 €		– 43 871 €	
– Kirchensteuer	– 3 862 €		– 4 900 €	
– Solidaritätszuschlag	– 1 886 €		– 2 412 €	
gesamt	**– 40 045 €**		**– 51 183 €**	
Ergebnis nach Steuern	**90 896 €**		**107 224 €**	
– Tilgungen	– 49 817 €		– 32 063 €	
+ Abschreibung	43 333 €		23 333 €	
= Liquidität Apo.	**84 412 €**		**98 494 €**	
= mtl. Liquidität Apo.	**7 034 €**		**8 208 €**	
Versorgungswerk	1 004 €		1 004 €	
Krankenversicherung	450 €		450 €	
= Liquidität mtl.	**5 580 €**		**6 754 €**	

Tab. 12: Liquiditätsberechnung

Fazit: Der Gewinn einer Apotheke stellt nicht den Verfügungsbetrag dar.

Bei der Bespielrechnung bleibt von einem jährlichen Gewinn von rund 130 941 Euro gerade mal ein monatlicher Verfügungsbetrag von circa 5580 Euro übrig.

Die monatliche Liquidität scheint in dem Beispiel sehr hoch. Zu beachten ist jedoch, dass diesem Verfügungsbetrag ein Darlehensrisiko von rund 600 000 Euro gegenübersteht. Mithin kann der monatliche Verfügungsbetrag für das eingesetzte Kapital gar nicht zu hoch sein. Weiterhin sind die Gewinne aus den vergangenen Jahren unterstellt worden. Mit welchen Reformen ist in Zukunft noch zu rechnen? Werden noch Gewinne einbrechen, und kann ich dann immer noch meinen Zahlungsverpflichtungen nachkommen? Wegen dieser aufgeführten Risiken ist es besonders wichtig, eine Liquiditätsplanung vor Übernahme einer Apotheke durchzuführen. Hierbei sollte der Gewinn eher konservativ ermittelt werden und gewisse Risikozuschläge vorgenommen werden. Eine genaue Liquiditätsplanung ist für den Kauf einer Apotheke und für Finanzierungsverhandlungen mit den Kreditinstituten unerlässlich. Nehmen Sie hierfür professionelle Hilfe eines Steuerberaters in Anspruch.

Da zu Beginn der Existenzgründung die Steuern an das Finanzamt mit erheblichen Verzögerungen (bis zu zwei Jahren) zu zahlen sind, ist es empfehlenswert, eine monatliche Rücklage für die Steuern zu bilden und diese auf einem Festgeldkonto anzulegen. Weiterhin ist es sinnvoll, vierteljährliche Zahlungen wie Tilgungen der Darlehen, Versicherungen et cetera oder jährliche Zahlungen wie das Weihnachtsgeld in einen monatlichen Betrag umzurechnen und auch diese als Rücklage anzusparen. Wenn dann zum Beispiel im November das 13. Gehalt der Mitarbeiter fällig ist, kann der entsprechende Betrag vom Rücklagenkonto umgebucht und ein finanzieller Engpass vermieden werden.

3.2.2 Abschreibungen

Die Abschreibungen, auch AfA (Absetzung für Abnutzung) genannt, sind Beträge mit denen im Laufe der Nutzungsdauer von Anlagevermögen eingetretene Wertminderungen an Vermögensgegenständen erfasst werden und als Aufwand den steuerlichen Gewinn mindern. Die Nutzungsdauer der einzelnen Wirtschaftsgüter kann den amtlichen Abschreibungstabellen entnommen werden. Voraussetzung für die Abschreibung ist, dass die Wirtschaftsgüter entsprechend abgenutzt werden. Da Grund und Boden keiner Abnutzung unterliegt, kann dieser auch nicht steuerlich abgeschrieben werden und bleibt somit mit den Anschaffungskosten in dem Jahresabschluss bestehen. Weiterhin werden Verbrauchsgüter, welche zur Veräußerung bestimmt sind (Wirtschaftsgüter des Umlaufvermögens wie Vorräte), nicht abgeschrieben. Es gibt steuerlich verschiedene Möglichkeiten, die Abschreibungen zu ermitteln.

Lineare Abschreibung: Hier erfolgt die Abschreibung in jährlich gleichmäßigen Abschreibungsbeträgen.

Degressive Abschreibung: Die Abschreibung erfolgt mit fallenden Abschreibungsbeträgen. Der festgelegte AfA-Satz wird in jedem Jahr erneut vom Buchwert des Vorjahres (Restbuchwert) abgezogen. Der degressive Abschreibungssatz darf das Doppelte des bei linearer Abschreibung anzuwendenden Abschreibungssatzes, maximal aber 20 Prozent des Gesamtabschreibungsbetrages betragen.

Für die Wirtschaftsjahre 2006 sowie 2007 wurde der degressive Abschreibungssatz auf das Dreifache der linearen Abschreibung und 30 Prozent des Abschreibungsbetrages angehoben.

GWG-Vollabschreibung: Die sogenannten geringwertigen Wirtschaftsgüter (GWG) bis zu einem Wert von netto 410 Euro dürfen im Jahr der Anschaffung sofort in voller Höhe als Abschreibung geltend gemacht werden. Es muss sich hierbei um neue, eigenständig nutzbare Wirtschaftsgüter handeln (zum Beispiel Kauf eines Staubsaugers für die Apotheke; Kaufpreis netto 399 Euro).

Neuregelung der geringwertigen Wirtschaftsgüter ab 01.01.2008: Neu eingeführt worden ist mit der Unternehmenssteuerreform 2008, dass bewegliche abnutzbare, selbstständig nutzbare Wirtschaftsgüter des Anlagevermögens mit Anschaffungs- oder Herstellungskosten von 151,00 Euro bis 1 000,00 Euro (jeweils netto) in einem »Abschreibungspool« zu erfassen. Dieser Pool wird für jedes Jahr gesondert gebildet und über einen festen Zeitraum von 5 Jahren gleichmäßig mit jeweils 20 Prozent gewinnmindernd aufgelöst. Hier bestehen, abgesehen von der buchmäßigen Erfassung des Zugangs des jeweiligen Wirtschaftsgutes, keine weiteren Dokumentationspflichten. Diese Maßnahme soll die Bürokratiekosten eines jeden Apothekers deutlich reduzieren. Durch diese sogenannte »Poolbildung« werden die innerhalb eines Jahres angeschafften Wirtschaftsgüter steuerlich wie ein einzelnes Wirtschaftsgut behandelt. In der Folge wirken sich Vorgänge, die sich nur auf ein einzelnes Wirtschaftsgut beziehen, nicht aus. Das bedeutet, Veräußerungen oder Entnahmen beeinflussen zukünftig nicht den Wert des Sammelpostens.

Selbst wenn ein betrieblich genutztes Wirtschaftsgut verkauft wird, wird der Wert des Sammelpostens nicht verändert und die Abschreibung über 5 Jahre fortgeführt. Der Veräußerungserlös ist selbstverstandlich als Betriebseinnahme gewinnerhöhend im Zeitpunkt der Veräußerung zu besteuern. Diese Neuregelung führt zum Teil zu Verschlechterungen bei der Abschreibung (Nutzungsdauer < 5 Jahre) oder aber auch zu Verbesserungen (Nutzungsdauer > 5 Jahre).

BEISPIEL

Der Apotheker kauft einen neuen, ausschliellßlich betrieblich genutzten Laptop für 799,00 Euro netto.

Ab dem Jahr 2008 ist dieser Laptop nicht wie bisher über einen Zeitraum von 3 Jahren abzuschreiben, sondern im Rahmen des Sammelpostens nur noch über 5 Jahre.

BEISPIEL

Ein Apotheker erwirbt einen neuen Schreibtisch für sein Büro zu einem Anschaffungspreis von 975,00 Euro netto.

Ab dem Jahr 2008 sind die Anschaffungskosten des Schreibtisches nicht wie bisher über einen Zeitraum von 13 Jahren abzuschreiben, sondern aufgrund der Höhe der Anschaffungskosten dem Sammelposten zuzuschreiben und unterliegen damit einer Abschreibung von 5 Jahren.

Die Unterschiede zwischen linearer und degressiver Abschreibung lassen sich am besten an folgendem Beispiel verdeutlichen (Tabellen 13 und 14). Wichtig zu wissen ist, dass maximal die Anschaffungskosten abgeschrieben werden können, egal ob linear oder degressiv. Die unterschiedlichen Abschreibungsmethoden haben lediglich unterschiedliche Gewinnauswirkungen in den einzelnen Jahren und mithin Auswirkungen auf die Liquidität. Da die Ermittlung der degressiven Abschreibung immer vom Restwert erfolgt, würde diese nie enden. Daher erfolgt bei der degressiven Abschreibung nach einer gewissen Zeit der Wechsel zur linearen Abschreibung, damit der Abschreibungszeitraum wieder eingehalten wird. Die Abschreibungsmethode wird bei Anschaffung des Wirtschaftsgutes festgelegt. Hat man sich einmal für die lineare Abschreibung entschieden, ist ein Wechsel zur degressiven Abschreibung nicht mehr möglich. Wirtschaftsgüter die innerhalb eines Wirtschaftsjahres angeschafft werden, können im Jahr der Anschaffung lediglich pro rata temporis (monatsgenau) abgeschrieben werden.

BEISPIEL

Kauf Alarmanlage 1. Januar 2005
Nutzungsdauer elf Jahre
Anschaffungskosten 100 000 Euro

Lineare Abschreibung
100 % / elf Jahre ND = 9,09 %

Datum	Zugang	AfA im WJ	Buchwert
12/2005	€ 100 000,–	€ 9 091,–	€ 90 909,
12/2006		€ 9 091,–	€ 81 818,–
12/2007		€ 9 091,–	€ 72 727,–
12/2008		€ 9 091,–	€ 63 636,–
12/2009		€ 9 091,–	€ 54 545,–
12/2010		€ 9 091,–	€ 45 454,–
12/2011		€ 9 091,–	€ 36 363,–
12/2012		€ 9 091,–	€ 27 272,–
12/2013		€ 9 091,–	€ 18 181,–
12/2014		€ 9 091,–	€ 9 091,–
12/2015		€ 9 091,–	€ 1,–
12/2016		€ 0,–	€ 1,–

Tab. 13: Beispiel für eine lineare Abschreibung

Degressive Abschreibung :
100 % / elf Jahre ND = 9,09 % x 2 = 18,18 %

Datum	Zugang	AfA im WJ	Buchwert
12/2005	€ 100 000,–	€ 18 180,–	€ 81 820,–
12/2006		€ 14 875,–	€ 66 945,–
12/2007		€ 12 171,–	€ 54 774,–
12/2008		€ 9 958,–	€ 44 816,–
12/2009		€ 8 148,–	€ 36 668,–
12/2010		€ 6 666,–	€ 30 002,–
12/2011		€ 6 001,–	€ 24 001,–
12/2012		€ 6 000,–	€ 18 001,–
12/2013		€ 6 000,–	€ 12 001,–
12/2014		€ 6 000,–	€ 6 001,–
12/2015		€ 6 000,–	€ 1,–
12/2016		€ 0,–	€ 1,–

Tab. 14: Beispiel für eine degressive Abschreibung

Neben der regulären AfA existiert noch die sogenannte Sonderabschreibung zur Förderung kleiner und mittlerer Betriebe. Diese beträgt 20 Prozent und kann nur für neue Wirtschaftsgüter innerhalb eines Zeitraumes von fünf Jahren und nach Bildung einer Ansparrücklage vorgenommen werden.

3.2.3 Die Ansparrücklage

Seit 1995 dürfen kleine und mittlere Betriebe eine Ansparrücklage bilden. Für neue bewegliche Wirtschaftsgüter, die voraussichtlich in den nächsten zwei Jahren, bei Existenzgründern fünf Jahren, angeschafft werden, kann eine gewinnmindernde Rücklage gebildet werden.

Die Ansparabschreibung darf 40 Prozent der geplanten Anschaffungskosten nicht übersteigen und nicht mehr als 154 000 Euro betragen. Für Existenzgründer erhöht sich der Höchstbetrag auf 307 000 Euro für den Gründungszeitraum von sechs Jahren.

Wird für eine geplante Investition eine Rücklage gebildet und die Investition nicht getätigt, ist die Rücklage zwangsweise am Ende des zweiten Wirtschaftsjahres aufzulösen und mit einem Gewinnzuschlag von 6 Prozent per annum zu versehen.

Existenzgründer müssen die Rücklage erst am Ende des fünften Jahres auflösen. Ein Gewinnzuschlag entfällt hier. Dies ist daher eine optimale, legale Steuergestaltung, um die anfallenden Steuern in einen späteren Veranlagungszeitraum zu verlegen!

> **BEISPIEL**
>
> Apotheker A plant im Jahr 2008 die Anschaffung eines Kommissionierautomaten mit Anschaffungskosten von 125 000 Euro.

Jahr 2006
Bildung Rücklage 40 Prozent von 125 000 Euro   Rücklage = 50 000 Euro
(Gewinnminderung in 2006 um 50 000 Euro und entsprechende Steuerstundung)

Jahr 2008
Variante A
Kommissionierautomat wurde nicht angeschafft.
Auflösung der Rücklage von 50 000 Euro
Gewinnzuschlag 50 000 Euro x 6 Prozent x zwei Jahre = 6000 Euro
(Gewinnerhöhung in 2008 um 56 000 Euro, die anfallenden Steuern müssen in der Veranlagung 2008 gezahlt werden)

Variante B
Kommissionierautomat wurde am 2. Januar 2008 für 125 000 Euro angeschafft.
Auflösung der Rücklage von 50 000 Euro
Ansatz 20 Prozent degressive + 20 Prozent Sonderabschreibung = 50 000 Euro
Gewinnauswirkung in 2008. 0 Euro

> **BEISPIEL**
>
> **Existenzgründer Apotheker A** plant im Jahr 2008 die Anschaffung eines Kommissionierautomaten mit Anschaffungskosten von 125 000 Euro.

Jahr 2006
Bildung Rücklage 40 Prozent von 125 000 Euro   Rücklage = 50 000 Euro
(Gewinnminderung in 2006 um 50 000 Euro und entsprechende Steuerstundung)

Jahr 2008
Variante A
Kommissionierautomat wurde am 2. Januar 2008 für 125 000 Euro angeschafft.
Auflösung der Rücklage von 50 000 Euro
Ansatz 20 Prozent degressive & 20 Prozent Sonderabschreibung = 50 000 Euro
Gewinnauswirkung in 2008: 0 Euro

Jahr 2011

Variante B

Kommissionierautomat wurde nicht angeschafft.

Auflösung der Rücklage in 2011 von 50 000 Euro

Kein Gewinnzuschlag

(Gewinnerhöhung in 2008 um 50 000 Euro, die anfallenden Steuern müssen in der Veranlagung 2011 gezahlt werden)

Änderung des § 7 g EStG – Investitionsabzugsbetrag

Im Zuge der Unternehmenssteuerreform 2008 werden die bisherigen Regelungen zu den Ansparabschreibungen aufkommensneutral umgestaltet und deutlich vereinfacht. Um zukünftig den sogenannten Investitionsabzugsbetrag nach § 7 g EStG in Anspruch nehmen zu können, darf das Betriebsvermögen der Apotheke am Schluss des Wirtschaftsjahres, in dem der Abzug vorgenommenen werden soll, nicht größer sein als 235 000,00 Euro (= Wert des steuerlichen Kapitalkontos).

Weitere Voraussetzung ist, dass der Apotheker beabsichtigt, ein begünstigtes Wirtschaftsgut in den folgenden drei Wirtschaftsjahren nach in Anspruchnahme des Abzugsbetrages anzuschaffen oder herzustellen und dieses Wirtschaftsgut mindestens bis zum Ende des dem Wirtschaftsjahr der Anschaffung oder Herstellung folgenden Wirtschaftsjahres ausschließlich oder fast ausschließlich betrieblich nutzen wird. Dabei bedeutet ausschließlich oder fast ausschließlich eine betriebliche Nutzung von mehr als 90 Prozent.

Zusätzlich sind bei Geltendmachung des Investitionsabzugsbetrages dem Finanzamt die voraussichtlichen Anschaffungs- oder Herstellungskosten sowie die Funktion des Wirtschaftsgutes mitzuteilen. Wie bisher auch, kann der Investitionsabzugsbetrag in Höhe von 40 Prozent der voraussichtlichen Anschaffungs- oder Herstellungskosten in Abzug gebracht werden. Neu ist, dass der Investitionsabzugsbetrag nunmehr nicht nur für neue bewegliche Wirtschaftsgüter des Betriebsvermögens gewährt wird, sondern auch für gebrauchte bewegliche Wirtschaftsgüter. Die maßgebliche Investitionsfrist wurde auf 3 Jahre verlängert (bisher: 2 Jahre). Ebenso ist der Höchstbetrag für den Abzug von 154 000,00 Euro auf 200 000,00 Euro pro Jahr erhöht worden.

Sobald das Wirtschaftsgut angeschafft oder hergestellt worden ist, ist der Investitionsabzugsbetrag gewinnerhöhend hinzuzurechnen. Dieser Hinzurechnungsbetrag kann aber wiederum in gleicher Höhe gewinnmindernd von den getätigten Anschaffungs- oder Herstellungskosten abgezogen werden, sodass im Endeffekt, anders als bei der bisherigen Regelung, keine zusätzliche Gewinnerhöhung im Jahr der Anschaffung oder Herstellung eintreten kann.

Ab dem Zeitpunkt der Anschaffung des Wirtschaftsgutes kann dann neben der regulären, linearen Abschreibung, im Jahr der Anschaffung oder Herstellung und in den folgenden 4 Jahren eine Sonderabschreibung bis zu insgesamt 20 Prozent der Anschaffungs- oder Herstellungskosten des Wirtschaftsgutes in Anspruch genommen werden.

Erfreulich begünstigend wurde diese Neuregelung dahingehend ausgestaltet, dass nicht wie bisher ein entsprechender Investitionsabzugsbetrag in den Vorjahren zwingend in Anspruch genommen werden musste, sondern dass diese Sonderabschreibung auch ohne den Abzug eines entsprechenden Betrages in den Vorjahren geltend gemacht werden kann. Dazu muss der Betrieb zum Schluss des Wirtschaftsjahres, das der Anschaffung oder Herstellung vorangeht, ein Betriebsvermögen von 235 000,00 Euro nicht überschreiten und das Wirtschaftsgut im Jahr der Anschaffung oder Herstellung und im darauf folgenden Wirtschaftsjahr zu mindestens 90 Prozent betrieblich genutzt werden.

Ebenfalls abgeschafft worden ist die bisherige Verzinsung mit 6 Prozent pro Jahr bei Nichtanschaffung des begünstigten Wirtschaftsgutes und entsprechender Zwangsauflösung der gebildeten Rücklage. Von dieser »Strafverzinsung« wurde in der Neufassung des § 7 g EStG Abstand genommen. Nunmehr erfolgt eine Änderung der Steuerveranlagung des Jahres, in dem der Investitionsabzugsbetrag in Anspruch genommen worden ist. Dadurch ergibt sich eine automatische Verzinsung durch die entsprechende Verzinsung der Nachzahlungsbetrage. Steuervorteile durch Gewinnverschiebungen sind somit nicht mehr möglich.

BEISPIEL

Der Apotheker beabsichtigt die Anschaffung eines Lieferfahrzeuges (100 Prozent betriebliche Nutzung) zu Anschaffungskosten i. H. v. 35000,– Euro netto. Die betriebliche Nutzungsdauer beträgt 5 Jahre. Die Voraussetzungen zur Inanspruchnahme sind jeweils erfüllt.

Auswirkungen im alten Recht:

a) Bildung einer gewinnmindernden Rücklage i. H. v. 40 % v. € 35 000,– = € 14 000,–

b) ▓ gewinnerhohende Auflosung (2 Jahre später) bei Anschaffung i. H. v. € 14 000,–

    ▓ lineare Abschreibung i. H. v. 1/5 = 20 % v. 35 000,– =   € 7 000,–

    oder degressive Abschreibung i. H. v. max, 30 % v. € 35 000, – =   € 10 500,–

    ▓ Sonderabschreibung max, 20 % v. € 35 000, – =   € 7 000,–

Auswirkungen im neuen Recht:

a) Inanspruchnahme des Investitionsabzugsbetrages i. H. v. 40 %

    v. € 35 000,– =   € 14 000,–

b) ▨ gewinnerhöhende Hinzurechnung (3 J. später) bei Anschaffung
i. H. v.   € 14 000,–

▨ gewinnmindernde Herabsetzung der Anschaffungs- oder
Herstellungskosten des Wirtschaftsgutes i. H. v. 40 %
v. € 35.000,– =   € 14 000,–

▨ lineare Abschreibung i. H. v. 1/5 = 20 % der reduzierten
Anschaffungs- oder Herstellungskosten von € 21 000,– =   € 4 200,–

▨ Sonderabschreibung max, 20 % von € 21 000,– =   € 4 200,–

Vergleich

altes Recht:	neues Recht:
– € 14 000,–	– € 14 000,–
+ € 14 000,–	+ € 14 000,–
– € 10 500,–	– € 14 000,–
– € 7 000,–	– € 4 200,–
– € 17 500,–	– € 4 200,–
	– € 22 400,–

Durch den neuen Investitionsabzugsabzugsbetrag wird im ersten Jahr eine wesentlich höhere Abschreibung erreicht und damit dem Apothekenbetrieb ein gutes Mittel zur Finanzierung von Investitionen zur Verfügung gestellt.

Zum anderen kann diese neue Abschreibung auch dann angesetzt werden, wenn zuvor kein Investitionsabzugsbetrag in Ansatz gebracht worden ist.

4 Die ersten Geschäftsjahre

4.1 Die Eröffnung

Vor Eröffnung der Apotheke sollten Sie mit den Arbeitsabläufen vertraut sein. Bei einer Übernahme ist es ratsam, vorher etwa zwei Wochen in der Apotheke mitgearbeitet zu haben beziehungsweise zusammen mit dem Voreigentümer einen gleitenden Übergang zu gestalten. Bei dieser Gelegenheit kann dieser Sie auch den Ärzten in der Umgebung, Geschäftspartnern und Stammkunden vorstellen.

Bei einer Neueröffnung müssen die Arbeitsabläufe gut vorausgeplant werden. Das Wichtigste ist, dass das eigentliche Apothekengeschäft, die Versorgung der Kunden mit Arzneimitteln, läuft. Dies bedeutet, dass sowohl die Großhandelslieferungen als auch das EDV-System beziehungsweise Kassensystem der Apotheke fehlerfrei funktionieren müssen. Die Personalabläufe werden sich bei einer neuen Apotheke erst nach einer gewissen Betriebsdauer »einschleifen«. Sie sollten jedoch anfangs lieber zu viel als zu wenig Personal einplanen.

Besonderen Wert sollten Sie auf eine Eröffnungsfeier der Apotheke legen, nicht nur bei einer Neueröffnung, sondern auch bei einer Übernahme. Sie sollten hier den Apothekenkunden einiges bieten. Ideal ist ein möglichst zwangloser Tag der offenen Tür, an dem Sie durch Apothekenaktionen sowohl Fachkompetenz beweisen als auch einen geselligen Rahmen bieten. Geben Sie eine Pressemitteilung an die örtliche Presse, eventuell berichten dann die lokalen Medien über die Eröffnung. Weitere Werbemaßnahmen oder Flyer können mit Essensgutscheinen oder Losen für die Teilnahme an einer Tombola garniert werden. Hier steht Ihrer Kreativität nichts im Wege. Vielleicht ist es möglich, die Eröffnungsfeier unter einen regionalen oder apothekenspezifischen Bezug zu stellen. Auch eine feierliche Schlüsselübergabe kommt bei Stammkunden oft gut an.

4.2. Basics – Grundlagen des Apothekenbetriebs

Die Grundsatzentscheidung, selbständig eine Apotheke zu führen, ist gefallen. Jetzt geht es um die Aufrechterhaltung, Verbesserung und Führung des Geschäftsbetriebs Apotheke. Hier stellt sich zunächst die Frage, worin sich die Tätigkeit eines angestellten Apothekers von der eines selbstständigen Apothekers im Wesentlichen unterscheidet. Das wesentliche Kennzeichen der Selbstständigkeit im Gegensatz zu einem Angestelltenverhältnis besteht darin, dass Sie nun in der Lage sind, eigenverantwortlich Entscheidungen zu treffen und damit steuernd auf die wirtschaftliche Situation der Apotheke einzuwirken. Sie sind nun Manager des eigenen Betriebs und müssen daher auch die Aufgaben eines Managers in der täglichen Geschäftssituation wahrnehmen, ob dies nun Grundsatzentscheidungen, wie das Tätigen von Investitionen, oder die Vielzahl kleinerer Entscheidungen im Tagesgeschäft des laufenden Geschäftsbetriebs betrifft.

4.2.1 Ziele, Entscheidungen, Organisation, Kontrolle

Die Aufgaben eines selbstständigen Apothekers sind im Wesentlichen mit denen sonstiger Manager oder Unternehmer identisch.

■ **Ziele vorgeben**
Die wichtigste Aufgabe als neuer Inhaber einer Apotheke besteht darin, Ziele vorzugeben, an denen sich alle Entscheidungen und Maßnahmen der täglichen Arbeit orientieren. Obwohl sich diese wohl logischste Aufgabe eines Unternehmers verhältnismäßig leicht anhört, steckt hier oftmals der Kern einer schlechten Unternehmensführung. Es werden sich in der Praxis eher keine Gedanken über die Ziele des Betriebs gemacht, als das die falschen Ziele zu einem schlechten Wirtschaften führen. Insofern gilt hier: Im Vorteil ist, wer Ziele definiert und diese sowohl sich selbst als auch den Mitarbeitern vorgibt.

■ **Organisation**
Eine weitere wichtige Aufgabe besteht für Sie in der richtigen Organisation Ihrer Apotheke. Um an die Apotheken-Organisation richtig heranzugehen, sollte man drei grundlegende Organisationsgebiete unterscheiden:

1. Die Apotheke sollte so organisiert sein, dass das Augenmerk stets auf der Arzneimittelversorgung der Patienten liegt, denn dafür werden Sie bezahlt.

2. Es muss weiterhin durch gute Organisation gewährleistet sein, dass die Mitarbeiter die ihnen zugewiesene Arbeit verrichten können.

3. Ihren eigenen Aufgabenbereich sollten Sie ebenfalls so organisieren, dass Sie als Inhaber sinnvolle Aufgaben wahrnehmen können.

■ **Entscheiden**
Als eine der wichtigsten Aufgaben müssen Sie Entscheidungen treffen. Hierfür ist eine richtige Erkenntnis des zu lösenden Problems erforderlich. Die richtige Entscheidung kann dann nur derjenige treffen, der sich mit den Entscheidungsalternativen hinreichend auseinandergesetzt hat.

Kontrolle

Kontrolle muss sein und ist ebenfalls eine wichtige Management-Aufgabe. Gerade hier kann ein gutes und gelebtes QM-System Sie unterstützen.

Um diese Aufgaben wahrnehmen zu können, sind sie als selbstständiger Apotheker darauf angewiesen, dass Sie auch die hierzu nötigen Informationen bekommen. Gerade bei komplexeren Entscheidungen, wie zum Beispiel dem Tätigen einer größeren Investition in der Apotheke ist es erforderlich, dass Sie die notwendigen Informationen zur Verfügung haben, um eine sinnvolle Planung vornehmen zu können.

Schon für die Entscheidung, ob beispielsweise eine Renovierung der Apotheke vor Übernahme durchgeführt werden sollte, ist es von maßgeblicher Bedeutung, wie die Renovierung (z. B. durch Vergrößerung der Verkaufsfläche) die wirtschaftliche Ertragslage der Apotheke zukünftig steigern wird. Es ist ebenfalls wichtig zu wissen, ob eine Fremdfinanzierung für die Renovierung notwendig ist und wie sich diese Kosten auf die Liquidität auswirken. Hierfür müssen die Konditionen einer Kreditaufnahme (Zinssatz, öffentliche Förderprogramme, etc.) abgeklärt werden.

Egal welche Aufgaben und Probleme sie als Selbstständiger zu lösen haben, unerlässlich ist eine Vielzahl von Informationen, aus denen sie Planungsrechnungen erstellen und unterschiedliche Szenarien gegenüberstellen können. Diese Informationen sind zum Großteil in der Betriebswirtschaftlichen Auswertung (BWA) enthalten, die Ihnen durch den Steuerberater zur Verfügung gestellt wird sowie aus dem Jahresabschluss, bestehend aus Bilanz und Gewinn-und-Verlust-Rechnung (GuV).

4.2.2 Die Buchhaltung

Als Vollkaufmann im Sinne des Handelsgesetzbuches (HGB) ist der Apotheker verpflichtet, regelmäßig Buch zu führen und einmal jährlich einen Jahresabschluss zu erstellen, der Einblick in die Vermögens-, Finanz- und Ertragslage des Apothekenbetriebs verschafft. Die Regelungen über die Erstellung von Buchführung und Jahresabschluss sollen den Geschäftsverkehr zwischen Kaufleuten vereinfachen.

Der Apotheker muss im Rahmen dieser Buchführungspflicht sämtliche Geschäftsvorfälle aufzeichnen. Hierzu zählen alle Wareneinkäufe und Rechnungsausgänge, aber auch alle Tageskasseneinnahmen, Rezeptumsätze bis hin zum Erwerb einer Kaffeemaschine für die Apotheke. Bei einer durchschnittlichen Apotheke können hierbei 500 bis 800 Geschäftsvorfälle anfallen, die jeweils buchhalterisch erfasst werden müssen. Um einen Überblick über diese Geschäftsvorfälle zu bekommen, wird aus der Buchhaltung die Betriebswirtschaftliche Auswertung (BWA) erstellt.

4.2.3 Die Betriebswirtschaftliche Auswertung (BWA)

Die zentrale Datengrundlage Ihrer unternehmerischen Entscheidungen stellt die monatlich erstellte Betriebswirtschaftliche Auswertung (auch BWA genannt) dar. Die BWA ist die Auswertung der Buchführung eines Unternehmens und neben den Verpflichtungen dem Finanzamt gegenüber das »Beiwerk« für die eigenen Unterlagen. In dieser monatlichen Auswertung werden sämtliche Einnahmen und Ausgaben, die die Apotheke betreffen, nach bestimmten Kriterien einander gegenübergestellt. Hierdurch lässt sich erkennen, welcher Überschuss beziehungsweise Fehlbetrag erwirtschaftet wurde.

Zunächst ein wichtiger Hinweis auf einen Sachverhalt, der beim Lesen der Betriebswirtschaftlichen Auswertung häufig zu Irritationen führt: Bei der Erfassung der Geschäftsvorfälle wird ausschließlich auf die Entstehung beziehungsweise Realisierung der Erträge und Aufwendungen abgestellt. Keine Rolle spielt in diesem Zusammenhang der Zahlungsfluss des Geldes. Werden beispielsweise Medikamente als Praxisbedarf an Ärzte geliefert und gleichzeitig zum Monatsende eine Rechnung gestellt, gilt dieser Umsatzerlös als Einnahme im Monat der Rechnungsstellung – unabhängig davon, wann der Arzt die Rechnung begleicht.

Bei Aufwendungen wie dem Wareneinkauf beim Großhandel wird der Rechnungseingang zum Zeitpunkt des Eingangs der Rechnung verbucht, unabhängig vom Valuta dieser Rechnung. Deswegen ist eine genaue zeitliche Zuordnung der Belege im Rahmen der Buchhaltung sehr wichtig.

Gleichzeitig ist im Monat der Lieferung und Rechnungsstellung die in der Rechnung ausgewiesene Umsatzsteuer an das Finanzamt abzuführen; unabhängig davon, wann die Bezahlung der Rechnung erfolgt. Sollte die Zahlung nicht erfolgen, so ist zu einem späteren Zeitpunkt eine entsprechende Korrektur vorzunehmen. Die Einnahme und die Umsatzsteuer sind zu korrigieren.

BEISPIEL

Die Abführung der Umsatzsteuer oder der Ansatz der Vorsteuer bereits mit Rechnungsstellung hat praxisrelevante Auswirkungen:
Apotheker A schreibt eine Rechnung für eine Beratungsdienstleistung über 10 000 Euro an die Pharmafirma P. P bezahlt erst drei Monate später. Dies bedeutet, dass die Umsatzsteuer drei Monat vorfinanziert werden muss. Wenn A hingegen Arzneimittel im Wert von 50 000 Euro mit einem Valuta von sechs Monaten einkauft, kann er bereits bei Lieferung die Vorsteuer beim Finanzamt geltend machen und entsprechend sechs Monate, bis zur Begleichung der Rechnung, mit dem Geld arbeiten. (Hinweis: Zur Wirkungsweise der Umsatzsteuer siehe Kapitel 4.3 Steuern)

Weiterhin sind Abgrenzungsproblematiken beim Lesen der Betriebswirtschaftlichen Auswertung zu beachten. Einige Ausgaben werden nur einmal jährlich in der Apotheke vorkommen. Klassisches Beispiel sind Weihnachtsgelder für die Mitarbeiter oder Versicherungsprämien. Grundsätzlich wäre es hier erforderlich, diese Auszahlungen zu jeweils $1/12$ monatlich auf das Wirtschaftsjahr zu verteilen, um eine aussagefähige Auswertung zu erhalten. In der Praxis wird dies häufig nicht praktiziert. Dies bedeutet, dass das monatliche Ergebnis durch diese »Einmalzahlungen« belastet ist. Dadurch ist der Überschuss in diesem Monat entsprechend geringer, während die anderen Monate ohne diese Aufwendungen entsprechend besser sind. Je genauer die Buchführung angefertigt ist, desto besser können die Daten in der monatlichen BWA verarbeitet werden.

Die Betriebwirtschaftliche Auswertung ist auch aus zeitlichen Gründen das wichtigste Instrument für die eigene Beurteilung der Apotheke. Wenn erst am Jahresende eine Gewinn-und-Verlust-Rechnung erstellt wird, können Sie nicht mehr in die Betriebsbelange eingreifen. Mit einer monatlichen Auswertung können Sie bereits unterjährig steuernd tätig werden. Da die Buchführung mit Ihrer Unterstützung von einem Steuerberater erstellt wird, erhalten Sie von diesem auch eine BWA. Empfehlenswert ist es, sich diesbezüglich an einen Fachberater zu wenden, der sich im Apothekenwesen bestens auskennt und Ihnen Brachenvergleiche liefern kann.

Die nachfolgenden Erläuterungen ergeben sich aus der BWA der Musterapotheke, die Sie im Anhang des Buches finden. Bei den Umsatzerlösen sollte im Apothekenbereich unbedingt eine möglichst genaue Unterscheidung der einzelnen Umsatzarten erfolgen. Die Erlöse der Krankenkasse, die Sie über ein Abrechnungszentrum erhalten, sollten separat ausgewiesen werden. Darüber hinaus sollten die Tageskassen, Zuzahlungen, Privatrezepte und die Erlöse Rechnungsausgang aufgesplittet werden. Dies ermöglicht Ihnen eine wesentlich bessere Beurteilung der Apotheke. Veränderungen zum Vorjahr können besser erkannt und betriebswirtschaftlich bewertet werden.

TIPP

Wichtig ist es, hochpreisige Erlöse separat zu buchen, da diese von besonderer Bedeutung für die Ermittlung des Wareneinsatzes sind.

Wenn die Erlöse genau aufgegliedert gebucht werden, ist es einfacher, den Wareneinkauf und den sich aus der BWA ergebenden Rohgewinn zu beurteilen. Wie bereits erwähnt, werden sämtliche Wareneinkaufsrechnungen des Monats in der Buchführung erfasst. Wenn also eine Winterbevorratung vorgenommen wird, ist der Rohertrag des Monats sehr schlecht. Um diese und andere Abweichungen zu überprüfen, empfiehlt es sich, eine monatliche Inventur durchzuführen und diese in der Buchführung zu verarbeiten. In diesem Fall werden nämlich nur die Bestandsveränderungen erfasst, und das Ergebnis kann besser überprüft werden.

Neben dem Wareneinkauf sind die Personalkosten der größte Kostenblock in einer Apotheke. Für eine genaue Beurteilung ist es wichtig, dass die Lohnnebenkosten im Monat der Entstehung in der BWA erfasst sind.

In der BWA sollte im Übrigen eine Aufgliederung der einzelnen Kosten erfolgen, sodass ständig überprüft werden kann, ob und wie sich die Kostenstruktur verändert hat. Auch die Abschreibungen werden monatlich in der BWA erfasst, um den Gewinn für die Steuerzahlungen besser kalkulieren zu können.

Immer separat ausgewiesen werden die Privatentnahmen und Einlagen. Dies ist eine besonders wichtige Information im Rahmen der BWA. Sie gewährleistet eine Überprüfung der monatlichen Entnahmen: Diese werden explizit in »normale Entnahmen«, Versicherungen, Steuerzahlungen, Eigenverbrauch et cetera unterteilt.

TIPP *Denken Sie an die monatlichen Rücklagen für Steuerzahlungen und Darlehensrückführung (siehe Kapital 3.2 Liquiditätsberechnungen). Vor allem für Einsteiger ist es wichtig zu wissen, wie groß der Spielraum für mögliche Privatentnahmen ist. Daher ist eine Liquiditätsberechnung im Rahmen einer BWA ein absolutes Muss. Eine beispielhafte Liquiditätsberechnung finden Sie in der Muster-BWA im Anhang des Buches.*

Weiterhin können Sie an einer detaillierten BWA auch eine Umsatzentwicklung Ihres Unternehmens verfolgen. Dies ist eine wichtige Information, um eventuell Umsatzrückgänge oder Zuwächse auf ihre Ursache hin zu überprüfen.

Ebenfalls nützlich ist ein externer Betriebsvergleich, bei dem die eigene Apotheke mit dem Durchschnitt aller Apotheken des Fachberaters verglichen wird. Hier können Sie überprüfen, bei welchen Kosten Ihre Apotheke besonders gut abschneidet oder wo noch ein entsprechender Handlungsbedarf besteht. Ein nicht zu unterschätzender Vorteil bei diesem Betriebsvergleich ist, dass alle Daten der BWA auf die gleiche Weise gebucht wurden, sodass sich ein transparenter Betriebsvergleich ergibt. Auch Auswirkungen von Gesundheitsreformen auf Umsatz oder Ertrag der Vergleichsapotheken sind ablesbar.

Neben der BWA sollten Sie weitere Kennzahlen heranziehen. Aus der Warenwirtschafts-EDV können Sie in der Regel alle relevanten Zahlen über den Wareneinkauf und -verkauf sowie das Warenlager erhalten. Weitere Kennzahlen liefern Unternehmensberater, Kooperationspartner und im Pharmabereich tätige Institute (zum Beispiel IMS-Health). Hier besteht die Kunst eher darin, sich nicht von Auswertungen erschlagen zu lassen, sondern lediglich mit einigen relevanten Kennzahlen zu arbeiten. Zu viele Zahlengrundlagen können ansonsten die betrieblichen Entscheidungen eher hemmen, anstatt zu fördern.

Neben der BWA erhalten Sie pro Geschäftsjahr als weitere Produkte der Buchhaltung eine Gewinn-und-Verlust-Rechnung (GuV) sowie eine Bilanz.

4.2.4 Die Gewinn-und-Verlust-Rechnung

In der Gewinn-und-Verlust-Rechnung (GuV) werden Erträge und Aufwendungen der Apotheke für einen bestimmten Zeitraum gegenübergestellt. Dies sind in der Regel 12 Monate, sofern kein Rumpfwirtschaftsjahr (gegebenenfalls bei Eröffnung, Übernahme, Veräußerung) vorliegt. Die GuV kategorisiert Erträge und Aufwendungen des Unternehmens für einen bestimmten Zeitraum und weist den unternehmerischen Erfolg als Unterschiedsbetrag aus. Der Saldo ist dann der Gewinn oder Verlust:

Erträge – Aufwendungen = Gewinn/Verlust

Die Bilanz ist eine Zeitpunktbetrachtung, Stichtag immer zum Wirtschaftsjahresende, zum Beispiel der 31. Dezember. Die Gewinn-und-Verlust-Rechnung ist eine Zeitraumbetrachtung, zum Beispiel vom 1. Januar bis zum 31. Dezember. GuV und Bilanz bilden zusammen den Jahresabschluss nach § 242 (3) HGB.

Erträge sind Einnahmen, die von einem Unternehmen aufgrund der Erstellung von Gütern und Dienstleistungen einer zeitlichen Periode zugerechnet werden, zum Beispiel die Zahlungen der Krankenkassen.

Aufwendungen sind periodisierte Ausgaben einer Unternehmung für die während einer Abrechnungsperiode verbrauchten Güter, Dienstleistungen und öffentlichen Abgaben, zum Beispiel Wareneinkauf, Gehälter.

Gewinn/Verlust ist die Differenz zwischen Erträgen und Aufwendungen eines Geschäftsjahres.

Der Aufbau der GuV ergibt sich vereinfacht dargestellt wie folgt:

	Umsatzerlöse
–	Wareneinsatz
=	Rohertrag
+	sonstige betriebliche Erträge
–	Gesamtkosten
	Betriebsergebnis
+	Neutrale Erträge und Eigenverbrauch
–	Neutrale Aufwendungen
=	Neutrales Ergebnis
–	Gewerbesteuer
=	Gewinn/Verlust

Die Gliederung der GuV ergibt sich aus § 275 HGB und ist für jedes Unternehmen gleich. Die wesentlichen Posten einer Apotheken-GuV sind in Tabelle 15 gegenübergestellt.

Erträge	Aufwendungen
Umsatzerlöse durch:	Wareneinsatz
Krankenkassen	Personalkosten
Zuzahlung	Versicherungen und Beiträge
Handverkauf	Apothekenspezifische Kosten
Privatrezepte	Werbe- und Reisekosten
Beteiligungserträge	Abschreibungen
Sonstige Erträge	Verschiedene Kosten

Tab. 15: Wesentliche Posten einer Apotheken-GuV

4.2.5 Die Bilanz

Aktiva	Bilanz zum 31. 12. 2006	Passiva

A. Anlagevermögen

I. Immaterielle Vermögensstände
1. Geschäfts- oder Firmenwert
2. Software

II. Sachanlagen
1. Grundstücke und Bauten
2. Betriebs- und Geschäftsausstattung
3. Pkw

III. Finanzanlagen
1. Beteiligungen

B. Umlaufvermögen

I. Vorräte
1. Waren

II. Forderungen und sonstige Vermögensgegenstände
1. Forderungen aus Lieferungen und Leistungen
2. Sonstige Vermögensgegenstände

III. Kassenbestand, Guthaben bei Kreditinstituten

C. Rechnungsabgrenzungsposten

A. Eigenkapital
1. Gewinnvortrag/Verlustvortrag aus dem Vorjahr
2. Jahresüberschuss/Jahresfehlbetrag

B. Rückstellungen
1. Steuerrückstellungen
2. Sonstige Rückstellungen

C. Verbindlichkeiten
1. Verbindlichkeiten gegenüber Kreditinstituten
2. Verbindlichkeiten aus Lieferungen und Leistungen
3. Sonstige Verbindlichkeiten

D. Rechnungsabgrenzungsposten

Tab. 16: Schema einer Bilanz

Die Bilanz stellt das Vermögen und die Schulden eines Unternehmens zu einem bestimmten Stichtag, dem Wirtschaftsjahresende, gegenüber. Die Bilanz unterscheidet zwischen der Aktivseite (Mittelverwendung) und der Passivseite (Mittelherkunft).

Alle Anlagegüter, das Umlaufvermögen, Bankbestände, Verbindlichkeiten et cetera werden zum Wirtschaftsjahresende ermittelt und in die Bilanz eingetragen. Das Schema der Bilanz ist strikt vorgeschrieben und wird in Tabelle 16 dargestellt. Jeder Apotheker ist aufgrund seiner Kaufmannseigenschaft (Vollkaufmann) verpflichtet, eine Bilanz aufzustellen. Darin unterscheidet sich der Apotheker nicht von einer Aktiengesellschaft. Auch der Aufbau der Bilanz muss von jedem Unternehmen gleichermaßen nach den Regelungen des § 266 HGB erfolgen.

4.3 Steuern

Wie für jeden Kaufmann stellen die Steuern eine wesentliche Rechnungsgröße für den Inhaber einer Apotheke dar. Zwar werden in der Praxis die meisten steuerlichen Vorgänge von einem Steuerberater überwacht und erledigt, einen Überblick über die wichtigsten Steuerarten sollte ein Kaufmann dennoch haben (Abbildung 5).

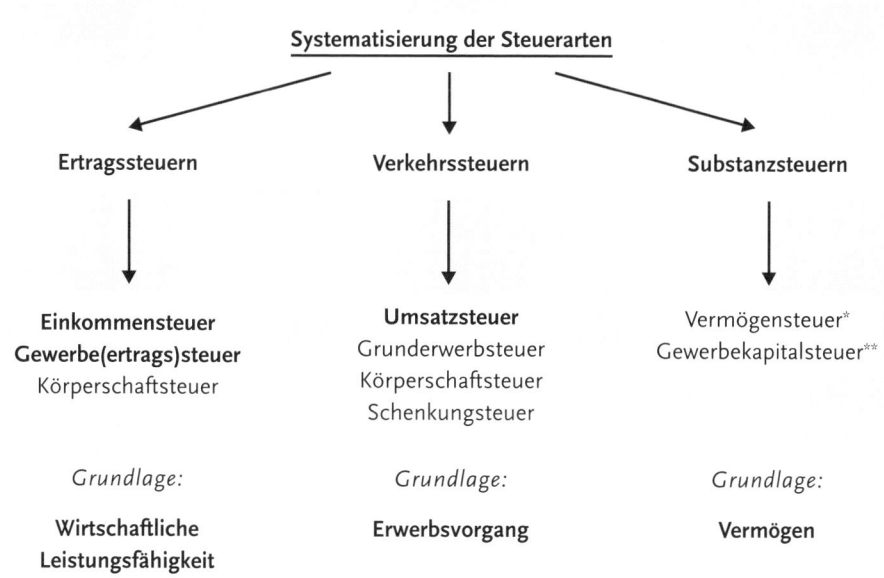

* Die Vermögensteuer wird seit 1. Januar 1996 nicht mehr erhoben.
** Die Besteuerung des Gewerbekapitals ist ab dem Veranlagungszeitraum 1998 ausgesetzt.

Abb. 5: Steuerliche Vorgänge, schematisch dargestellt

4.3.1 Die Einkommensteuer

Das Einkommensteuergesetz nennt zwei Arten der persönlichen Steuerpflicht, die unbeschränkte und die beschränkte.

Unbeschränkte Steuerpflicht: Alle natürlichen Personen, die im Inland einen Wohnsitz oder ihren gewöhnlichen Aufenthalt haben, sind in Deutschland steuerpflichtig. Dies nennt man das sogenannte Welteinkommensprinzip. Alle Einnahmen eines Steuerpflichtigen sind in Deutschland zu versteuern (Ausnahme: Abweichende Regelungen in den Doppelbesteuerungsabkommen).

Beschränkte Steuerpflicht: Alle natürlichen Personen, die im Inland weder einen Wohnsitz noch ihren gewöhnlichen Aufenthaltsort haben, sind nur mit bestimmten inländischen Einkünften steuerpflichtig.

Das Einkommensteuergesetz gibt ein festes Schema vor, welche Einkünfte zu versteuern sind und wie sich das zu versteuernde Einkommen ermittelt:

- Einkünfte aus Land- und Forstwirtschaft (zum Beispiel Landwirt)
- Einkünfte aus Gewerbebetrieb (zum Beispiel selbstständiger Apotheker)
- Einkünfte aus selbstständiger Arbeit (zum Beispiel Rechtsanwalt)
- Einkünfte aus nichtselbstständiger Arbeit (zum Beispiel angestellter Apotheker)
- Einkünfte aus Kapitalvermögen (zum Beispiel Zinsen, Sparbuch)
- Einkünfte aus Vermietung und Verpachtung (zum Beispiel Vermietung Wohnung)
- sonstige Einkünfte (zum Beispiel Renten- und Spekulationseinkünfte)

Die Summe der Einkünfte, abzüglich der Sonderausgaben und der sogenannten außergewöhnlichen Belastungen sowie der tariflichen Freibeträge ergibt das zu versteuernde Einkommen.

Der Gewinn aus dem Betreiben einer Apotheke unterliegt somit der Einkommensteuer. Dieser Gewinn wird am Ende des Jahres in der Einkommensteuererklärung aufgeführt. Hierzu kommen eventuell noch Zinseinkünfte oder Einnahmen aus Vermietung. Das zu versteuernde Einkommen bildet die Bemessungsgrundlage für die Einkommensteuer. Ist die Einkommensteuer laut Tabelle ermittelt, werden hiervon noch der Solidaritätszuschlag und gegebenenfalls die Kirchensteuer berechnet.

Da keine Lohnsteuerkarte vorgelegt wird, wird auch keine monatliche Lohnsteuer ermittelt. Das Finanzamt berechnet die Steuern auf einer Prognoserechnung und legt dann vierteljährliche Vorauszahlungen für die Einkommensteuer fest. Diese sind immer zum 10. März, 10. Juni, 10. September und 10. Dezember eines Kalenderjahres fällig. Die geleisteten Vorauszahlungen werden im Rahmen der Erstellung der Einkommensteuer mit der zu zahlenden Einkommensteuerschuld verrechnet. Falls das Finanzamt die Vorauszahlungen aufgrund eines sehr hohen Gewinns in der Vergangenheit zu hoch festgesetzt hat, kann ein entsprechender Herabsetzungsantrag beim Finanzamt gestellt werden. Die vierteljährlichen Vorauszahlungen werden dann reduziert.

Ehegatten haben die Möglichkeit, eine gemeinsame Einkommensteuererklärung abzugeben. In diesem Fall werden die Einkünfte beider Ehegatten zugrunde gelegt (Zusammenveranlagung). Abweichend hiervon können Ehegatten, sofern es günstiger ist, auch eine getrennte Veranlagung wählen.

4.3.2 Die Gewerbesteuer

Steuergegenstand der Gewerbesteuer ist jeder Gewerbebetrieb, soweit er im Inland betrieben wird. Besteuerungsgrundlage ist der Gewerbeertrag. Der Gewerbeertrag ist nach dem Einkommensteuergesetz (EStG) zu ermitteln.

	Gewinn aus Gewerbebetrieb	(Gewinn aus Apotheke)
+	Hinzurechnungen	(zum Beispiel Dauerschuldzinsen)
−	Kürzungen	(zum Beispiel Spenden)
=	Gewerbeertrag	

Der aus dem Gewerbeertrag errechnete Steuermessbetrag wird mit einem lokalen Hebesatz (von Gemeinde zu Gemeinde unterschiedlich) multipliziert. Das sich hieraus ergebende Produkt ist die Gewerbesteuerschuld.

Hinweis

Die Gewerbesteuer wird teilweise bei der Einkommensteuer angerechnet. Die Anrechnung beträgt das 1,8-Fache des Steuermessbetrages.

Die Gewerbesteuer wird nicht vom Finanzamt, sondern von der Gemeinde erhoben. Die Berechnung erfolgt am Ende des Jahres nach Bilanzerstellung. Für die Gewerbesteuer wird eine separate Erklärung, die Gewerbesteuererklärung, abgegeben. Auch hier werden vierteljährliche Vorauszahlungen festgesetzt. Diese sind immer zum 15. Februar, 15. Mai, 15. August und 15. November eines Kalenderjahres fällig.

Änderungen bei der Gewerbesteuer durch die Unternehmenssteuerreform
Nach bisheriger Regelung war die Gewerbesteuer stets als Betriebsausgabe bei der
Gewinnermittlung für den Apothekenbetrieb abzugsfähig und hat damit den Gewinn
entsprechend gemindert. Damit wurde die Gewerbesteuer zum einen von ihrer eigenen
Bemessungsgrundlage und zum anderen auch von der Bemessungsgrundlage für die
Einkommensteuer abgezogen. Diesen Betriebsausgabenabzug und damit gewinn- und
steuermindernden Vorgang hat der Gesetzgeber nunmehr abgeschafft. Ab dem Jahr
2008 ist die Gewerbesteuer keine abziehbare Betriebsausgabe mehr; sie mindert den
Gewinn des Apothekenbetriebes nicht mehr. Damit einhergehend sind aber gleichzeitig zukünftige Gewerbesteuer-Erstattungen aus eventuell zu viel entrichteten Gewerbesteuerzahlungen an die Gemeinden und Städte nicht mehr als Betriebseinnahmen, und
damit nicht gewinnerhöhend, zu erfassen.

Nach dem jetzt geltenden Recht gilt die Versagung des Betriebsausgabenabzugs erstmals für Erhebungszeiträume, die nach dem 31. 12. 2007 enden.

Soweit der Gewinnermittlungszeitraum für Ihren Apothekenbetrieb kalenderjahrgleich
ist, trifft diese Regelung erst für die Wirtschaftsjahre beginnend mit dem 01. 01. 2008
zu. Sollten Sie jedoch ein vom Kalenderjahr abweichendes Wirtschaftsjahr haben, sind
bereits die Gewerbesteuerzahlungen, die auf einen Gewinn zu leisten sind, der ab
01. 02. 2007 ermittelt wird, von dieser neuen Regelung betroffen. Diese Zahlungen sind
bereits nicht mehr als Betriebsausgaben zu berücksichtigen.

Eine weitere Änderung haben die einzelnen Hinzurechnungstatbestände erfahren. Bisher wurden sogenannte Dauerschuldzinsen, die den Gewinn aus dem Apothekenbetrieb gemindert haben, zu 50 Prozent hinzu gerechnet. Zudem wurden bisher Renten
und dauernde Lasten bei der Ermittlung des Gewerbeertrages hinzugerechnet, wenn
diese bei der Gründung oder dem Erwerb des Betriebes begründet worden sind. Ebenfalls wurden bisher 100 Prozent der an den stillen Gesellschafter zu zahlenden Gewinnanteile für die Ermittlung des Gewerbeertrages hinzugerechnet sowie 50 Prozent
der Miet- und Pachtzinsen für bewegliche Wirtschaftsgüter, soweit diese beim Vermieter oder Verpächter nicht der Gewerbesteuer unterlegen haben.

Ab dem Erhebungszeitraum 2008 werden diese einzelnen Hinzurechnungstatbestände für
Geld- und Sachkapitalüberlassung zusammengefasst und einheitlich behandelt. Die Entgelte werden künftig einheitlich in Höhe von 25 Prozent des Aufwandsbetrages hinzu gerechnet. Sämtliche Schuldzinsen, Renten und dauernde Lasten sowie Gewinnanteile des
stillen Gesellschafters werden zu 100 Prozent, Miet- und Pachtzinsen für bewegliche Wirtschaftsgüter zu $1/5$, Miet- und Pachtzinsen für **un**bewegliche Wirtschaftsgüter zu $3/4$ und
Aufwendungen für die zeitlich befristete Überlassung von Rechten zu $1/4$ angesetzt. Die
Hinzurechnung in Höhe von 25 Prozent dieser Entgelte wird aber nur dann vorgenommen, soweit deren Summe den eingeräumten Freibetrag von 100 000,– Euro übersteigt.

Der Freibetrag dient insbesondere zur Entlastung kleiner und mittlerer Unternehmen.

BEISPIEL

Der Apotheker A hat in seiner Gewinn-und-Verlust-Rechnung insgesamt Zinsaufwendungen in Höhe von 25000,– Euro ausgewiesen. Darüber hinaus zahlt er für einen Kommissionierer Leasingraten in Höhe von jährlich 45000,– Euro. Für das Betriebsgrundstück zahlt er eine jährliche Miete in Höhe von 50000,– Euro. Künftig ist für die vorgenannten Zahlungen folgender Hinzurechnungsbetrag bei der Ermittlung des Gewerbeertrages anzusetzen:

Zinsen	€ 25 000,–
Leasingraten Kommissionierer (20 % v. € 45 000,–)	€ 9 000,–
Mietzahlung f. d. Betriebsgrundstück (75 % v. € 50000,–)	€ 37 500,–
	€ 71 500,–
abzüglich Freibetrag i. H. v. € 100 000,– max. € 71 500,–	– € 71 500,–
Verbleiben als Hinzurechnungsbetrag	**€ 0,–**

Bisher wären 50 Prozent der Zinsen in Höhe von 25 000,– Euro, mithin 12 500,00 Euro, dem Gewerbeertrag hinzu gerechnet worden.

Durch den Wegfall des Betriebsausgabenabzugs bei der Gewerbesteuer hätte dies zur Folge gehabt, dass die Gewerbesteueraufwendungen ab 2008 einem erheblichen Anstieg unterlegen wären. Daher wurde der Wegfall des sogenannten Staffeltarifs beschlossen.

Für Einzelgewerbetreibende und Personengesellschaften wurde der Gewerbesteuermessbetrag bisher auf der Grundlage eines Staffeltarifs von 1 Prozent – 5 Prozent in Schritten von 12 000,00 Euro berechnet. Durch die Unternehmenssteuerreform 2008 wurde eine Absenkung der Steuermesszahl auf 3,5 Prozent für alle Gewerbebetriebe und gleichzeitige Abschaffung des Staffeltarifs beschlossen. Der Freibetrag in Höhe von 24 500,– Euro bleibt allerdings unverändert bestehen.

Damit verbleiben, wie auch bisher, die ersten 24 500,– Euro von der Gewerbesteuer befreit. Durch die Abschaffung des Staffeltarifs werden aber nunmehr die nächsten 42 000,– Euro prozentual höher besteuert als bisher, die darüber liegenden Gewinne, also ab einem Gewinn in Höhe von 66 500,– Euro, werden zukünftig günstiger besteuert, nämlich nicht mehr mit einer Steuermesszahl von 5 Prozent, sondern nur noch mit einer solchen in Höhe von 3,5 Prozent.

Um die Gewerbesteuer-Zahllast von Apotheken im Rahmen der Einkommensbesteuerung zumindest teilweise zu kompensieren und damit eine Doppelbesteuerung zu vermeiden, sah der bisherige § 35 EStG eine Anrechnung der Gewerbesteuer in Höhe des 1,8-fachen Gewerbesteuermessbetrages auf die Einkommensteuer vor. Damit kommt es bei Anwendung des Spitzensteuersatzes von 42 Prozent zu einer vollständigen Entlastung von der Gewerbesteuer, wenn der Gewerbesteuer-Hebesatz 341 Prozent beträgt. Zusammen mit dem Betriebsausgabenabzug der Gewerbesteuer ergab sich durch die Anrechnung eine vollständige Entlastung von dieser Steuer.

Durch die neuerliche Versagung des Betriebsausgabenabzugs der Gewerbesteuer muss, um einen Doppelbesteuerung zukünftig zu vermeiden, folglich die Anrechnungsmöglichkeit der Gewerbesteuer auf die Einkommensteuer höher ausfallen. Damit einhergehend, wurde § 35 EStG geändert und der Anrechnungsfaktor von bisher 1,8 auf 3,8 angehoben. Nunmehr ergibt sich bei einem durchschnittlichen Hebesatz von 380 Prozent eine vollständige Entlastung von der Gewerbesteuer. Der Abzug des Entlastungsbetrages wird allerdings auf die tatsächlich zu zahlende Gewerbesteuer beschränkt.

BEISPIEL   Der Apotheker A hat einen verbleibenden Gewerbeertrag (nach Hinzurechnungen und Abzug des Freibetrages in Höhe von € 24 500,–) in Höhe von € 100 000,–. Der Gewerbesteuermessbetrag unterliegt einem Hebesatz von 350 %.

A hat an die Gemeinde eine Gewerbesteuer von
3,5 % von € 100 000,– × 350 % = € 12 250,– zu zahlen.
Das Anrechnungspotenzial auf die Einkommensteuer beträgt
3,5 % von € 100 000,– × 3,8 = € 13 300,–.
Dieses Potenzial wird aber auf die tatsächlich zu zahlende Gewerbesteuer in Höhe von € 12.250,– begrenzt.

Im Endeffekt bedeuten diese Änderungen bei der Gewerbesteuer grundsätzlich eine Begünstigung für alle Apothekenbetriebe, da durch die Umstrukturierung der Hinzurechnungstatbestände nunmehr wohl weniger Hinzurechnungen vorgenommen werden.

Zu hoffen bleibt an dieser Stelle nur, dass die Gewerbesteuereinnahmen der Städte und Gemeinden durch diese Neuregelungen nicht stagnieren oder zurückgehen. Dies hätte nämlich die Erhöhung der Gewerbesteuerhebesätze zur Folge und würde damit eine erhöhte Gewerbesteuer-Zahllast, welche zulasten der eigenen Liquidität geht, auslösen.

4.3.3 Die Umsatzsteuer

Die Umsatzsteuer ist die Steuer, mit der Sie in Ihrem Apothekenbetrieb ständig konfrontiert werden. Beim Einkauf von Waren wird Ihnen Umsatzsteuer in Rechnung gestellt, auch Vorsteuer genannt. Wenn in Ihrer Apotheke Medikamente veräußert werden, unterliegen diese auch der Umsatzsteuer. Diese müssen Sie dann an das Finanzamt entrichten und können die zu zahlende Umsatzsteuer mit der Vorsteuer verrechnen und so die Zahlung an das Finanzamt reduzieren.

HERSTELLER	→	APOTHEKE	→	KUNDE
	Lieferung		**Lieferung**	
	Rechnung		Rechnung	
	€ 1.000,00		€ 1.500,00	Mehrwert € 500,00
	€ 190,00		€ 285,00	
	€ 1.190,00		€ 1.785,00	

Der Hersteller führt 190 Euro an das Finanzamt ab.

Dem Apotheker steht ein Vorsteuerabzug von 190 Euro zu.

Der Apotheker hat USt in Höhe von 285 Euro an das Finanzamt abzuführen, die jedoch mit den 190 Euro Vorsteuer verrechnet werden.

Umsatzsteuer:	285 Euro
Vorsteuer:	190 Euro
Zahllast:	**95 Euro**
(= 500 Euro x 0,19)	

Der Begriff der »Mehrwertsteuer«, wie die Umsatzsteuer auch bezeichnet wird, leitet sich davon ab, dass nur der im Laufe der Weiterverarbeitung geschaffene Mehrwert eines Gutes (im Beispiel in Höhe von 500 Euro) besteuert wird. Wie im Beispiel dargestellt, werden sämtliche Geschäftsvorfälle (Ausgaben und Einnahmen) eines Monats miteinander verrechnet und zu einer Umsatzsteuervoranmeldung zusammengefasst. Hieraus ergibt sich dann die monatliche Zahllast. Die Umsatzsteuer ist bis zum 10. des Folgemonats bei dem Finanzamt anzumelden und zu entrichten. Wenn ein Antrag auf Dauerfirstverlängerung zu Beginn des Jahres gestellt wird, wird diese First um einen Monat verlängert, sodass zum Beispiel der Monat Januar bis zum 10. März beim Finanzamt angemeldet sein muss. Ein Antrag auf Dauerfristverlängerung ist bei einem Apothekenbetrieb unerlässlich, da am 10. des Folgemonats noch nicht die endgültigen Forderungen des Rechenzentrums vom Vormonat vorliegen und mithin eine Umsatzsteuervoranmeldung noch nicht erstellt werden kann.

Was muss auf einer Rechnung stehen?

Das Finanzamt stellt sehr strenge Vorschriften an die Erstellung einer Rechnung. Nur wenn alle Voraussetzungen auf der Rechnung erfüllt sind, kann ein Vorsteuerabzug gewährleistet werden. Daher sollten Sie beim Erhalt einer Rechnung penibel auf folgende Anforderungen an eine ordnungsgemäße Rechnung achten:

1. vollständiger Name und vollständige Anschrift des leistenden Unternehmers und des Leistungsempfängers,

2. Steuernummer oder Umsatzsteuer-Identifikationsnummer des leistenden Unternehmers,

3. Ausstellungsdatum,

4. eine fortlaufende Rechnungsnummer,

5. die Menge und die Art (handelsübliche Bezeichnung) der gelieferten Gegenstände oder der Umfang und die Art der sonstigen Leistung

6. der Zeitpunkt der Lieferung oder sonstigen Leistung

7. das nach Steuersätzen und einzelnen Steuerbefreiungs-Regelungen aufgeschlüsselte Entgelt für die Lieferung oder sonstige Leistung

8. der anzuwendende Steuersatz sowie der auf das Entgelt entfallender Steuerbetrag

9. im Voraus vereinbarte Entgeltminderungen, die nicht bereits im Entgelt berücksichtigt sind (zum Beispiel Jahresboni-Vereinbarung)

4.4 Qualitätsmanagementsysteme (QMS)

In einem Dienstleistungsbetrieb wie einer Apotheke ist die Qualität der angebotenen Leistung von zentraler Bedeutung. Um diese nicht nur auf einem bestimmten Niveau zu halten und zu sichern, sondern sie ständig zu optimieren, empfiehlt sich die Einführung eines Qualitätsmanagementsystems (QMS). Qualitätsmanagementsysteme sind in der Industrie seit Jahrzehnten gang und gäbe. Standardisierbare Leistungen, wie sie in der Massenproduktion durchweg anfallen, lassen sich einfach mittels eines QMS in der Qualität und Rendite optimieren. Doch die Dienstleistungsbranche zieht langsam, aber sicher nach, obwohl Dienstleistungen, wie sie eine Apotheke erbringt, generell komplexer und individueller sind und somit nur mit hohem Aufwand in ein allgemeines System einzuordnen sind.

Doch nicht nur der Aspekt der Heimbelieferung sollte zum Nachdenken über QMS bewegen. Im deutschen Gesundheitswesen ist im Gegensatz zu einem Großteil anderer Branchen die Nutzung von Qualitätsmanagement sowohl in der stationären (seit 1985) als auch ambulanten (seit 2004) Versorgung gesetzlich vorgeschrieben. Es liegt also nahe, eine solche Vorschrift für den Bereich der Arzneimittelversorgung mittelfristig zu erwarten, zumal QM in politischen Entscheiderkreisen fast das Image eines Allheilmittels zur Kostensenkung hat.

Qualität leitet sich vom lateinischen »qualitas« ab, was soviel wie »Eigenschaft, Beschaffenheit, Zustand« bedeutet und wird nach DIN EN ISO 9000:2005, der gültigen Norm zum Qualitätsmanagement, als »Grad, in dem ein Satz inhärenter Merkmale Anforderungen erfüllt«, definiert. Inhalte eines QMS sind in erster Linie eine Standardisierung bestimmter Handlungs- und Arbeitsprozesse (Normen für Produkte oder Dienstleistungen, Dokumentationen, berufliche Weiterbildung, Ausstattung und Gestaltung von Arbeitsräumen et cetera). Diese Anforderungen werden explizit im Qualitätsmanagementsystem definiert.

Eine weitere Aufgabe eines QM-Systems ist die Bewertbarkeit von Managementprozessen eines Unternehmens. Dabei stellen zertifizierbare Normen mit definierten Mindestanforderungen an ein wirksames Qualitätsmanagementsystem (zum Beispiel DIN EN ISO 9001:2000) die einheitlichen Qualitätsstandards sicher. Das Erreichen dieser definierten Mindestanforderungen wird durch sogenannte Audits gewährleistet, bei denen ein zugelassener Prüfer das eingerichtete QMS im Betrieb analysiert und auf seine Normkonformität hin prüft. Ein optimales Qualitätsmanagement findet in einem sich stetig wiederholenden Regelkreis der kontinuierlichen Verbesserung von Prozessen statt, wobei Erfahrungen hieraus wiederum in die Planung zurückfließen. Wesentlich dabei ist der sogenannte PDCA-Zyklus (englisch: Plan, Do, Check, Act), der sich wie folgt darstellen lässt:

1. Qualitätsplanung: Der Ist-Zustand wird ermittelt und die Rahmenbedingungen für das Qualitätsmanagement festgelegt. Danach werden Abläufe geplant.

2. Qualitätslenkung: Die in der Planphase gewonnenen Ergebnisse werden in die Tat umgesetzt.

3. Qualitätssicherung: Man überprüft, ob alles wie geplant funktioniert. Qualitative und quantitative Qualitätsinformationen werden ausgewertet (Kosten-Nutzen-Betrachtung, Überprüfung von gemachten Annahmen).

4. Qualitätsverbesserung: Aus vorheriger Phase gewonnene Informationen werden für Strukturverbesserungsmaßnahmen und Prozessoptimierung eingesetzt. Wenn etwas nicht wie geplant funktioniert, wird die Abweichung analysiert und konkrete Gegenmaßnahmen werden durchgeführt. Erfolg und Ergebnis werden kommuniziert, und man startet erneut mit der Qualitätsplanung.

Die Einführung eines gut funktionierenden QMS sichert nicht nur die Qualität der Dienstleistungen und Apothekenprodukte, sondern vereinfacht und optimiert quasi nebenbei die Arbeitsprozesse. So können durch die Definition der einzelnen Arbeitsprozesse überflüssige oder antiquierte Arbeitsschritte herausgestrichen und neue kreiert werden. Das QMS entbindet Sie zum Beispiel davon, Mitarbeitern wiederholt zu verrichtende Aufgaben zu erläutern, da diese die Arbeitsschritte dem anzufertigenden QMS-Handbuch entnehmen können. Ein weiterer Vorteil von QMS ist, dass viele Ihrer Geschäftspartner (Altenheime oder Krankenkassen, Krankenhäuser) darauf achten, ob Sie zertifiziert sind oder nicht.

Die Leitlinie zur Qualitätssicherung im Apothekerbereich finden Sie auf der ABDA-Homepage (www.abda.de). Dort ist auch die Mustersatzung Qualitätsmanagement der Deutschen Apotheken zum Download bereitgestellt. Weiterhin bieten die Apothekerkammern nützliche Informationen und Hilfestellungen sowie konkrete QM-Systeme für die Apotheke an.

5 Erfolgreich wirtschaften von Anfang an

5.1 Der Einkauf

Der Ein- und Verkauf von Arzneimitteln ist eine der Kernaufgaben der Apotheke. Alle anderen wirtschaftlichen Tätigkeiten sind Unterstützungs- und Nebenprozesse, die diesen Kernprozess ermöglichen und vereinfachen. Der Einkauf stellt die Kostenkomponente mit dem höchsten relativen Umsatzanteil dar. Er liegt in der Regel zwischen 69 und 74 Prozent und ist somit ein Schlüsselfaktor für den wirtschaftlichen Erfolg der Apotheke.

Zwar sind seit dem GMG und AVWG Festzuschläge und nennenswerte Rabatte Geschichte. Wer aber bewusst und zielorientiert mit den Rahmenbedingungen umzugehen weiß, wird auch heute noch einen preiswürdigen Einkauf realisieren können.

5.1.1. Schlüsseldeterminanten für den Einkauf

Wesentlich für das Einkaufsverhalten sind zwei Determinanten: die fixe Zuweiser- und Wettbewerbsstruktur und die mittelbar beeinflussbare Umsatzstruktur.

Aus der gegebenen Zuweiser- und Wettbewerbsstruktur lassen sich schon vor der Eröffnung der Apotheke wichtige Erkenntnisse über potenzielle Nachfrageschwerpunkte gewinnen. Kapitel 7 Marketing führt aus, wie Sie eine Grundsatzanalyse durchführen können, um sich einen ausreichenden Kenntnisstand über diese Faktoren zu verschaffen. Es ist ein wesentlicher Unterschied, ob Sie in unmittelbarer Nähe zu Kinderärzten oder Radiologen eröffnen. Erstere rezeptieren viele preisgünstige Medikamente, was bei der Abrechnung aufgrund des Kombimodells für die Apotheke günstig ist. Letztere verordnen traditionell hochpreisige Arzneimittel, die zwar hohen Umsatz, aber nur relativ geringe Gewinne bringen. Auch der Wettbewerb in Ihrem Umfeld wirkt sich unmittelbar auf den Einkauf aus. Haben Sie zum Beispiel auf Volkskrankheiten wie Diabetes oder COPD spezialisierte Apotheken in Ihrem Einzugsgebiet, werden Sie vermutlich in diesen Indikationsgebieten relativ wenig Absatz erzielen und müssen Ihr Sortiment dahingehend aufstellen. Vor dem Hintergrund teilweise teurer Präparate ist das eine wertvolle Information, die ein überteuertes und langsam umschlagendes Lager vermeiden helfen kann.

Die konkrete Umsatzstruktur lässt sich erst nach Eröffnung feststellen. Mittelbar zu beeinflussen ist diese durch eine eigene Schwerpunkt- und Nischenbesetzung. Stehen Sie im Wettbewerb mit konsequent allopathischen Apotheken und können auf eine vorhandene Zuweiserstruktur von Heilpraktikern zurückgreifen, wäre dies eine mögliche Nische. Dementsprechend werden Sie auch Ihr Lager strukturieren. Bei einer Apothekenübernahme sollten Sie die aufgeschlüsselten Umsätze auf jeden Fall frühzeitig erfragen!

Schon die grundlegende Orientierung an der Mitbewettbewerber- und Zuweiser- sowie Umsatzstruktur kann Optimierungspotenziale in Einkauf und Lagerhaltung aufzeigen. Das wird Ihnen vor allem in Hinsicht auf Lagertiefe und -breite Spielräume eröffnen, wobei man unter Lagertiefe die Variantenmenge innerhalb eines Grundprodukts (zum Beispiel N1, N2, direkt, plus C) und unter Lagerbreite die bevorratete Gesamtmenge an individuellen Grundprodukten (von zum Beispiel ACC akut bis Zovirax) versteht. Eine Faustformel, die schon vor Eröffnung eine Einschätzung der Lagerstruktur erlaubt, lautet: Je größer die Rezeptstreuung, mithin also die Zuweisermenge, desto breiter das Warenlager.

5.1.2. Der Großhandel

Anschließend stellt sich die Frage nach dem Erwerb Ihrer Waren. Der klassische Weg führt nach wie vor über den Großhandel, wobei dem Direkteinkauf eine stetig wachsende Rolle zukommt. Da das AVWG die früher durchaus üblichen Naturalrabatte verbietet und die Bar-Rabatte auf die Großhandelsmarge bei verschreibungspflichtigen Arzneimitteln begrenzt, spielt hier der Großhandel eine dominierende Rolle. OTC-Artikel können hingegen weiterhin bar rabattiert werden. Schon bei Abnahmemengen, die im Rahmen einer durchschnittlichen Apotheke liegen, kann sich der Direkteinkauf beim Hersteller rechnen.

TIPP *Zwei Großhändler bilden den goldenen Mittelweg. Ein Großhändler birgt hinsichtlich der Lieferfähigkeit ein zu großes Risiko, drei Großhändler bedeuten oftmals in der Summe nachteilige Einkaufskonditionen und vor allem mehr Verwaltungsaufwand.*

Generell differenziert man zwischen kapitalgesellschaftlich und genossenschaftlich organisierten sowie privaten Großhändlern. Für welche Kombination von Anbietern Sie sich im Endeffekt entscheiden, einem Grundsatz sollten Sie stets folgen: Der Anbieter muss Ihnen zeitlich und inhaltlich klar strukturierte Konditionen bieten. Die Praxis zeigt immer wieder, dass intransparente Konditionenpolitik für beide Seiten ein Risiko darstellt, das zu unnötigen Reibungs- und Geldverlusten führen kann.

Weitere Faktoren, die Sie bei der Wahl des Großhandels beachten sollten, sind (Mindest-)Einkaufsmengen und die angebotenen Services, besonders die Lieferfrequenz. Mancher Großhändler liefert einen Defekt separat und zeitnah, andere fordern fixe Mindestmengen, was das Lager langfristig unnötig aufblähen kann. Die Lieferfrequenz sollte nicht nur unter dem Aspekt der Lieferfähigkeit für die Kunden, sondern auch unter dem damit verbundenen Aufwand betrachtet werden. Erfahrungsgemäß bieten drei Lieferungen am Tag die Grundlage für eine angemessene Defektquote und gleichzeitig gute Großhandelskonditionen. Dabei sollte eine große Nachtlieferung erfolgen. Diese ist zwar beim Personal nur bedingt beliebt, hat aber den Vorteil, dass vor Betriebsbeginn einsortiert werden kann und die Mitarbeiter sich den ganzen Tag den Kunden und Patienten widmen können. Ergänzt wird diese Lieferung durch eine Mittags- und eine (nicht zu späte) Nachmittagslieferung, deren Zeitpunkt von den Öffnungszeiten abhängt. Dies ermöglicht nach eingehender Umsatzanalyse mittelfristig eine relativ schlanke Lagerhaltung und damit einen günstigen Wareneinsatz.

5.1.3. Die Lagerumschlagshäufigkeit

Ein weiteres Instrument zur Analyse der Lagerhaltung ist die sogenannte Lagerumschlagshäufigkeit. Diese Kennzahl gibt den Verbrauch pro Periode (in der Regel ein Wirtschaftjahr) und durchschnittlichen Lagerbestand an. Sie zeigt, wie oft das Lager innerhalb eines Jahres komplett gefüllt und verkauft wurde. Geringe Werte bedeuten eine lange Verweildauer des Lagerbestands und weisen auf unnötig hohe Lagerbestände hin. Diese Lagerbestände stellen eine unnötige Kapitalbindung dar; das Geld könnte auch in zinsbringende Anlagen investiert sein. Ihr Ziel sollte dementsprechend eine möglichst hohe Lagerumschlagshäufigkeit sein. Dies weist darauf hin, dass Ihr Angebot gut von Ihren Kunden angenommen wird und Sie somit niedrige Lagerkosten haben.

Wesentlich für die Bestimmung der Kennzahl ist die Lagerinventur, also die verpflichtend zum Bilanzstichtag vorzunehmende Aufnahme der körperlichen Vermögensgegenstände (Produkte im Lager) durch Zählen, Messen oder Wiegen. Aus dem Inventurwert ergibt sich der durchschnittliche Lagerbestand, der neben dem Jahresabsatz an Produkten in die Berechnung einfließt.

Die Lagerumschlagshäufigkeit berechnet sich wie folgt:

Jahresabsatz: durchschnittlicher Lagerbestand = Lagerumschlagshäufigkeit

Die Zahlen können Sie jeweils als reine Mengen oder in Geld einsetzen. Das Ergebnis ist dimensionslos.

Ihre Apotheke wies im letzten Wirtschaftsjahr einen Wareneinsatz von 1,2 Millionen Euro auf. Die durchschnittlichen Inventurwerte für Ihr Lager lagen bei 100 000 Euro. In die Formel eingesetzt, berechnet sich Ihre Lagerumschlagshäufigkeit folgendermaßen:

Jahresabsatz : durchschnittlichen Lagerbestand = Lagerumschlagshäufigkeit

1 200 000 Euro : 100 000 Euro = 12

Sie haben Ihr gesamtes Lager im vergangenen Jahr also zwölfmal komplett verkauft. Kein schlechter Wert in Anbetracht des durchschnittlichen Warenumschlags in Apotheken, der bei 10 bis 15 liegt.

5.1.4 Renner und Penner

Die Lagerumschlagshäufigkeit wird wesentlich von der korrekten Bevorratung nachgefragter Arzneimittel beeinflusst. § 15 ApBetrO schreibt zwar konkrete Maßstäbe der Vorratshaltung vor, lässt aber genügend Spielraum für rationelle Lagerhaltung. Wichtig ist vor diesem Hintergrund die umgangssprachliche Differenzierung der einzelnen Produkte in »Renner« und »Penner«. Rennerprodukte, auch »Schnelldreher« genannt, sind Arzneien, die eine hohe Umschlagshäufigkeit aufweisen, zum Beispiel rezeptfreie Analgetika. Im Gegensatz dazu sind »Penner« Produkte, die eine geringe Umschlagshäufigkeit haben. In der Regel sind dies Produkte, die Sie verpflichtend bevorraten müssen.

Saisonal bedingt stellen auch Antitussiva und Antihistaminika Schnelldreher dar. Diese sollten Sie stets im Blick haben, und zwar in doppelter Hinsicht. Einerseits muss stets eine ausreichende Lagermenge und -tiefe der jeweiligen Präparate gegeben sein, andererseits müssen diese für die Kunden im Sinne von Warengruppen- beziehungsweise Category Management stets adäquat und attraktiv in Frei- und Sichtwahl gruppiert sein. Ein Lager voller Schnelldreher nutzt wenig, wenn die Kunden diese nicht sehen. Die Lagerhaltung von Rennerprodukten stellt einen permanenten Spagat zwischen kundenbefriedigender Bevorratung, die Kosten verursacht, und schlanker Lagerwirtschaft, die Kosten einspart, dar. Diesbezüglich sollten Sie auch die traditionelle, zeitige Winterbevorratung eingehend prüfen und unter Berücksichtigung der Großhandelskonditionen nur relevante Präparate bevorraten.

5.1.5 (Einkaufs-)Kooperationen

Einkaufskooperationen werben primär mit Einkaufsvorteilen. Mit ihrer Hilfe lassen sich scheinbar aus dem AVWG resultierende Nachteile egalisieren. Das kann teilweise zutreffen, denn über ein größeres Einkaufsvolumen lassen sich auch beim Großhandelspreis (Grosso) Einsparungen erzielen. Im Rx-Bereich wird dieser Vorteil jedoch weitgehend durch den Gesetzgeber beschränkt, im OTC-Segment kann ein Kooperationseinkauf jedoch große Vorteile bergen. Hier empfiehlt es sich, die gängigen Einkaufskooperationen zu vergleichen und auch den Direktbezug mit zu berücksichtigen, zudem wird Ihnen der Verhandlungsaufwand abgenommen. Das kann vor allem bei Existenzgründung und damit verbundener, ausbaufähiger Verhandlungserfahrung von Vorteil sein. Intensive persönliche Verhandlungen können zwar in ähnlichen oder besseren Konditionen resultieren, verursachen jedoch auch größeren Verwaltungsaufwand. Sie sollten jedoch stets prüfen, ob sich die anfallende Kooperationsgebühr für Sie lohnt.

5.1.6 Konditionen

Konditionen sind das A und O jeglicher Vereinbarung mit Großhändlern oder Herstellern. Wie dargelegt, müssen die Konditionen für Sie zeitlich und inhaltlich klar strukturiert sein. Das Geschäft mit Arzneimitteln ist jedoch nicht zuletzt durch das hohe Regulierungsvolumen der Politik sehr komplex geworden und das sollten Sie Ihren Verhandlungspartnern auch stets zugute halten, wenn einzelne Vereinbarungspositionen intransparent wirken. Hier hilft nur dezidierte Beschäftigung mit den Konditionen und eine gute Beratung durch erfahrene Kollegen oder qualifizierte Fachberater.

Im Rx-Bereich bietet Ihnen der Grosso erfahrungsgemäß einen geringen Spielraum beim Einkauf. Das Wahrnehmen von Skonti oder Boni bringt in der Regel summiert wenige oder keine Einsparungen mit sich.

Umso wichtiger sind qualitative Faktoren, die Ihnen ein Anbieter offeriert. Bei weitgehend identischem Rabattniveau werden Sie dem Angebot den Vorzug geben, das Ihnen zum Beispiel die beste Lieferfrequenz (zum Beispiel drei Tageslieferungen und Defektservice) oder die besten Lieferbedingungen (zum Beispiel Mindestmengen, Rückgaberecht ohne Abschlag et cetera) bietet. Weiterhin sind Marketingkonzepte oftmals Bestandteil von Kooperationsangeboten, mit denen ein Konditionenpaket zusätzliche Attraktivität erhalten soll. Da es sich bei vielen Marketinginstrumenten um im Ergebnis schwer messbare, qualitative Maßnahmen handelt, ist eine sorgfältige Abwägung von Kosten und Zusatznutzen nötig. Auch hier kann erfahrene Beratung nachhaltig Klarheit schaffen.

Im OTC-Bereich sind weiterhin große Spielräume für Rabattverhandlungen vorhanden. Ein stets aktueller Marktüberblick, den Datenbanken und ein gutes Netzwerk an Kollegen gewährleisten können, hilft bei ergebnisorientierten Rabatt- und Konditionsverhandlungen mit Ihren Partnern.

Unabdingbar für eine effiziente Einkaufs- und Konditionenpolitik bleiben konsequente Eingangs- und Rechnungskontrollen. Diese sind mit Mehraufwand verbunden, können aber helfen, Unstimmigkeiten bei Lieferung und Rechnungsstellung schnell und reibungslos mit dem Lieferanten zu klären. Auch eine regelmäßige Überprüfung der Großhandelskonditionen durch Fachberater hilft Ihnen trotz Zeit- und Kostenaufwand, jederzeit auf Augenhöhe mit Großhandel und Hersteller agieren zu können.

5.2 Die Kostenstruktur in der Apotheke

Der durchschnittliche Umsatz, den eine Apotheke erwirtschaftet, liegt bei 1,6 Millionen Euro. Wesentlich für die sachgerechte Betrachtung des Umsatzes ist jedoch, dass Umsatz nicht gleich Gewinn ist. Bevor Sie dem Unternehmen Geld im Sinne eigenen Gehalts entnehmen können, müssen erst sämtliche Kosten beglichen werden.

Verkompliziert wird die Situation durch die politischen Einwirkungen. Die politischen Entscheider betreiben eine zusehends aggressive Sparpolitik in der Arzneimittelversorgung, die auch bei Apothekern existenzielle Fragen aufwirft. Waren Ertragseinbußen vergangener Reformen stets mittelfristig ausgleichbar, greifen die inzwischen seit dem Beitragssatzsicherungsgesetz 2003 jährlich stattfindenden Reformen die Apothekenmargen substanziell an.

Der klassische Einzelhandel operiert aufgrund von preissensibler Kundschaft, der Austauschbarkeit des Produktsortiments und hohem Wettbewerbsdrucks schon lange mit relativ geringen Margen. Der »Einzelhandel Apotheke« ist spätestens seit dem GMG von 2004 auch keine Ausnahme dieses Prinzips mehr. Grund dafür ist die Einführung des Kombimodells. Dieses besagt, für rezeptpflichtige Arzneimittel unabhängig vom konkreten Einkaufspreis einen Festaufschlag von 8,10 Euro (Handlungskostenpauschale) zuzüglich 3 Prozent plus Umsatzsteuer als Gewinnmarge einzupreisen. Der GKV-Zwangsrabatt von 2,30 Euro senkt diese Marge auf 5,80 Euro zuzüglich 3 Prozent plus Umsatzsteuer.

Die Kosten, die durch den Apothekenbetrieb entstehen, sind eine zentrale Stellschraube für den Unternehmenserfolg. Deshalb ist es für Sie von vitaler Bedeutung, Ihre Kostenstruktur im Blick und Griff zu haben.

Kosten stellen in Geld bewerteten Werteverzehr dar, der durch die betriebliche Leistungserstellung verursacht wird. Sie entstehen durch jeden Arbeitsprozess, unabhängig davon, ob es sich dabei um Einkauf oder Verkauf von Arzneimitteln, Lagerhaltung oder ein einfaches Telefonat handelt. Unter dem Begriff der Kostenstruktur versteht man die Zusammensetzung der Gesamtkosten. Deren Analyse und Rückführung auf individuelle Zusammenhänge der Leistungserbringung in der Apotheke lässt eine grundlegende Differenzierung in einzelne Kostenblöcke zu. Diese sind:

- Wareneinsatz,

- Personalkosten,

- Raumkosten,

- Apothekenspezifische Kosten,

- Werbe- und Reisekosten.

Die gewählte Reihenfolge kommt nicht von ungefähr. Primäre Kostentreiber in der Apotheke sind der Wareneinsatz, also das Gesamtvolumen des Wareneinkaufs in einer definierten Zeitperiode, sowie die Personalkosten, also der gesamte Aufwand für Personal inklusive Lohnnebenkosten, jedoch ohne den kalkulatorischen Unternehmerlohn. Für das Verständnis und den bewussten Umgang mit den anfallenden Kosten ist vor allem von Belang, dass wesentliche Kostenblöcke in der Apotheke fixe Kosten darstellen. Fixe Kosten sind der Anteil der Gesamtkosten, der trotz einer Änderung der Beschäftigung innerhalb eines bestimmten Zeitraums konstant bleibt. Dies sind zum Beispiel Wareneinsatz oder Raumkosten, die auch bei Reduktion des Personals identisch bleiben. Selbst eine Rationalisierung im Wareneinsatz beziehungsweise bei den Raumkosten wird sich auf der Kostenseite erst zeitlich deutlich verzögert zeigen. Einzig Personalaufwendungen bieten sich als zeitnah effektives Instrument zur Kostensteuerung an, sind aber auch vor dem Hintergrund von Mitarbeitermotivation und arbeitsrechtlichen Rahmenbedingungen stets nur bewusst und gut beraten einsetzbar.

5.2.1 Der Wareneinsatz

Dem Wareneinsatz kommt innerhalb der Kostenstruktur eine dominante Rolle zu. Mit einem Anteil von circa 69 bis 74 Prozent an den Gesamtkosten ist er gemeinsam mit den Personalkosten ein Schlüsselfaktor für den wirtschaftlichen Erfolg. Der Wareneinsatz erfasst sämtliche Wareneinkäufe, einschließlich der Bestandsveränderungen in einem bestimmten Zeitraum. Er setzt sich aus folgenden Faktoren zusammen:

	Warenanfangsbestand (der Inventurwert zum Beginn der Periode)
+	Warenzugänge (gesamte Warenzugänge innerhalb der Periode)
−	Warenendbestand (der Inventurwert zum Ende der Periode)
=	Wareneinsatzmenge (Menge)
×	Einstandspreise (die individuellen Verkaufspreise der abgesetzten Arzneimittel)
=	Wareneinsatz (Euro)

Die Wareneinsatzmenge bezieht sich auf den reinen mengenmäßigen Absatz an Waren, der in Multiplikation mit den jeweiligen Verkaufspreisen den Wareneinsatz in Euro ergibt. Anteilige Werte des Wareneinsatzes von über 74 Prozent sollten nur ausnahmsweise und vorübergehend auftreten. Werden sie die Regel, sollten Sie die Gründe dafür gründlich prüfen oder prüfen lassen. Liegt es an Besonderheiten in Ihrer Kunden- oder Zuweiserstruktur, die besonders hochpreisige, margenschwache Präparate bedingt? Wie steht es um Ihre Großhandelskonditionen? Haben Sie Ihre Lieferfähigkeit »überoptimiert«?

TIPP *Da der Wareneinsatz zu den fixen Kosten gehört, sollten Sie hier stets besondere Aufmerksamkeit walten lassen. Denn ein optimierter und schlanker Wareneinsatz ist in kritischen Zeiten für Apotheken ein Schlüsselfaktor.*

Nutzen Sie also den Wareneinsatz als einen Rationalisierungsfaktor. Gut geführte Apotheken können ihn auf Werte von bis zu 65 Prozent drücken. Ziel ist es, eine möglichst optimale Balance zwischen Kosten senkenden (geringe Einkaufs- und Lagerkosten) und Kosten steigernden Faktoren (hohe Lieferfähigkeit, geringe Defektquote) zu finden. Ein schlankes Warenlager spart zwar viele Kosten, wird aber die Lieferfähigkeit und damit die Kundenzufriedenheit verringern, sodass Einsparungen aus dieser Maßnahme unter Umständen von Einbußen beim Umsatz überkompensiert werden. Der Prozess des Absatzes, der vom Einkauf über Lagerhaltung bis zum Abverkauf alle Stufen umfasst, die ein Arzneimittel in der Apotheke durchläuft, sollte insofern so effizient wie möglich gestaltet werden. Machen Sie sich und Ihrem Personal die einzelnen Schritte dieses Prozesses transparent und bewusst. Dabei kann zum Beispiel Qualitätsmanagement hilfreich sein.

5.2.2 Die Personalkosten

Personalkosten stellen den zweiten großen Kostenblock einer Apotheke dar. Wie in dienstleistungslastigen Betrieben üblich, liegen sie erfahrungsgemäß zwischen 7 und 15 Prozent. Die große Spanne von über 100 Prozent Differenz zeigt, dass diese Kosten von Apotheke zu Apotheke stark variieren.

Wesentliche Faktoren für die Personalkosten sind vor allem die Personalausstattung, die Öffnungszeiten und der Umsatz. Die Anzahl der Mitarbeiter wird in der Regel einerseits von der Kundenfrequenz, andererseits von Ihrer Strategie bestimmt. Wollen Sie Ihre Kunden in einer Discount-Apotheke personal- und kostengünstig »abfertigen«, um Einsparungen an sie weiterzugeben, oder wollen Sie ein beratungs- und personalintensives »Apothekenerlebnis« anbieten, das Ihre Kunden mit einer entsprechenden Prämie honorieren?

Was die Öffnungszeiten betrifft, mögen Sie bei einer Landapotheke wenig Einfluss darauf haben. In wettbewerbsintensiven oder Stadtlagen kommt ihnen jedoch eine hohe Bedeutung zu. Auch hier gilt es zu beachten, was nachgefragt und dementsprechend geboten wird. Selbst wenn sich Öffnungszeiten von 8 bis 22 Uhr gut in der Außendarstellung machen, müssen sie jedoch am tatsächlichen Bedarf, also der konkreten Nachfrage der Kunden, gemessen werden. Dabei muss die Relation von investierten Personal- und Betriebskosten zu den dadurch erzielten Einnahmen stimmig sein.

Von Interesse ist ebenfalls die Kombination der Arbeitskräfte in der Apotheke. Überprüfen Sie kritisch, welche Aufgaben in der Apotheke von wem zu erfüllen sind. Vor allem die Implementierung von Qualitätsmanagementsystemen bietet für eine solche Bestandsaufnahme einen adäquaten Rahmen, um Prozesse und Tätigkeiten klar definiert zu ordnen und auf dieser Basis zielorientierte Personalplanung betreiben zu können.

Die verbleibenden Kosten repräsentieren einen Anteil von circa 15 Prozent der Gesamtkosten. Eine Einzelbetrachtung ist zwar notwendig, kann jedoch aufgrund des hohen Individualitätsgrades der jeweiligen Kostenart, die zudem stark von der Apotheke abhängt, nicht im Rahmen dieses Buches geleistet werden.

5.2.3 Die Raumkosten

Die entstehenden Raumkosten beschränken sich nicht nur auf die Miete, sondern betreffen sämtliche durch Raumnutzung anfallende Kosten. Dazu gehören auch Heizung, Gas, Strom und Wasser oder die Kosten für Reinigung und Instandhaltung. Als fixe Kosten sind sie unabhängig von der Personalauslastung des Betriebes. Dies liegt primär an ausgesprochen langfristigen Mietverträgen. Im Durchschnitt betragen die Raumkosten lediglich 2 Prozent des Umsatzes, jedoch können sie abhängig vom Standort der Apotheke stark variieren. So können sie bei einer Center-Apotheke durchaus im Bereich von 3 bis 4 Prozent liegen. Vor der Übernahme einer Apotheke, bei der in jedem Falle die nicht zwingend im Kaufvertrag enthaltene Weiterführung des Mietvertrages geregelt sein muss, sollte der relative Anteil der Miete an den Gesamtkosten und am Umsatz eingehend kalkuliert und auf tatsächliche, langfristige Gegenfinanzierbarkeit geprüft werden.

5.2.4 Apothekenspezifische Kosten

Diese Kostenart entsteht im Unterschied zu anderen Kosten wie Personal oder Miete nur in der Apotheke. Dazu zählen im Wesentlichen:

▦ Apotheken-EDV,

▦ Rezeptabrechungskosten,

▦ Kooperationskosten,

▦ vernichtete Waren.

Wichtig bei diesen Kosten ist für Sie, dass Sie dort einen gewissen Gestaltungsspielraum vorfinden. EDV- und Abrechnungskosten sind in der Regel vertragsgemäß fixiert, doch Aspekte wie Kooperationskosten oder vernichtete Waren sind durchaus relevante Posten bei Einsparungen. So sollten Sie in Bezug auf eine Kooperation prüfen, ob sich die Teilnahme wirklich rechnet. Übernehmen Sie eine Apotheke, bietet es sich an, die Kooperation(en) des Vorgängers weiterzuführen. Prüfen Sie dieses Vorgehen jedoch kritisch. Vor allem Großhandelskooperationen locken mit Preisvorteilen, die Sie eingehend durchkalkulieren sollten. Besonders deshalb, weil privatwirtschaftliche Unternehmen einerseits diese Einsparungen aus Ihren Beiträgen gegenfinanzieren müssen und somit wenig oder sogar zu wenig Geld übrig bleibt, um mehr als die Kooperationsvorteile zu finanzieren. Andererseits, weil das AVWG Rabatten faktisch keinerlei Raum mehr lässt.

Die Leistung der Kooperation sollte jedoch auch über den rein monetären Bereich hinausgehen. Wenn Ihnen einfache Flyer und ein paar Schulungen als Marketingkonzept verkauft werden, lohnt es sich, auch hier genauer hinzuschauen, zumal einige Kooperationen nachhaltig sinnvolle und Erfolg versprechende Modelle anbieten (siehe Kapitel 7 Marketing).

Der Aspekt der vernichteten Waren hat zwar im Zeitalter der EDV-Erfassung an Bedeutung verloren. Dennoch ist es ratsam, ein Auge auf die Verfallsdaten im Lager zu haben. Dies ist durch die absehbare, endgültige Verdrängung von POR-Systemen durch POS-Systeme in der Warenwirtschaft ohne großen Zusatzaufwand darstellbar. Bei einem guten Lagermanagement lassen sich bei rechtzeitiger Rückgabe von »Penner«-Medikamenten durchaus noch volle oder anteilige Rückerstattungen des Einkaufspreises durch den Großhandel erzielen. Das spart nicht nur Ärger, sondern auch bares Geld.

5.2.5 Werbe- und Reisekosten

Werbe- und Reisekosten werden zusammengefasst, weil sie aus buchhalterischer Sicht in der gleichen Buchungskontengruppe liegen. Vor allem die Werbekosten sind für Sie von Relevanz. Da der Erfolg von Werbeinvestitionen im Gegensatz zu anderen Aufwendungen nur schwer messbar ist, fallen sie formal besonders ins Gewicht. Daher ist die Verlockung groß, auch an dieser Stelle Einsparungen vorzunehmen. Wichtig ist hier ein ausgewogener Werbungs- und Kommunikationsmix auf Basis einer individuellen

Grundsatzanalyse, um einen möglichst effizienten Mitteleinsatz zu ermöglichen (siehe auch Kapitel 7, Marketing).

TIPP

Erliegen Sie nicht dem Irrtum einer Kostenminimierung um der reinen Ersparnis willen. Einsparungen sollten allein an der Optimierung der betrachteten Prozesse orientiert sein. Denn die adäquate Arzneimittelversorgung der Kunden durch Ihre Apotheke muss stets das übergeordnete Ziel Ihrer Tätigkeit bleiben.

Planen Sie jede Einsparung sorgfältig, gut beraten und unter Abwägung der dadurch berührten Faktoren im Unternehmen. So werden Sie den gewünschten Erfolg erzielen, ohne böse Überraschungen zu erleben.

5.3 Networking

Als weiterer Bestandteil der strategischen Apothekenführung gewinnt das sogenannte Networking sukzessive an Bedeutung.

»Netzwerker ist ursprünglich eine in der Soziologie parallel zum englischen Networker, wertfreie benutzte Bezeichnung für Akteure in sozialen Netzwerken. Umgangssprachlich gelten Menschen als Netzwerker, die ihr Beziehungsnetz (soziales Netzwerk) aktiv aufbauen und erweitern. Oftmals werden diese Beziehungen danach gewinnbringend eingesetzt.«
(Zitiert aus: www.wikipedia.de , Abrufdatum 23.7.2007)

Aus dieser allgemeinen Definition ableitend bezeichnet man Networking in der Betriebswirtschaft als gewinnbringenden Zusammenschluss von verschiedenen Partnern. Vor dem Hintergrund des potenziellen Wegfalls des Fremdbesitzverbots hat sich in der Apothekenbranche der Begriff des Networking zu einem modischen Schlagwort entwickelt. Nicht zuletzt deswegen, weil es für den Inhaber einer Apotheke aufgrund des zunehmenden Konkurrenzdrucks durch Ketten und Discounter eminent wichtig geworden ist, den Entwicklungen nicht als Einzelkämpfer gegenüberzutreten. Dabei gilt: Bauen Sie Ihr Netzwerk auf, bevor Sie es konkret brauchen. Weiterhin sind für ein effektives Beziehungsnetzwerk konstante Kommunikation und Pflege wichtig. Wer sich nicht gerne austauscht, ist schnell wieder draußen.

Dabei kann die Basis des Networking vom reinen Informationsaustausch über eine aktive Kooperation mit gemeinsamem Einkauf bis hin zu einer vernetzten Apotheken-EDV reichen. Der gemeinsame Grundgedanke liegt darin, mit vereinten Kräften für jeden mehr Vorteile zu generieren und im Idealfall zusammen wirtschaftlich stärker zu sein.

Wichtig ist, dass Sie zunächst klar definieren, mit wem Sie auf welcher Ebene zusammenarbeiten wollen. Nichts ist zeitraubender und frustrierender als zielloses Networking. Ein Beispiel: Oftmals arbeiten Apotheken mit drei verschiedenen Einkaufskooperationen (zum Beispiel Linda, Midas, Vivesco) zusammen, um maximalen Nutzen zu erzielen. Ein solches Vorgehen ist jedoch nicht anzuraten. Konzentrieren Sie sich auf wenige Kooperationen, aus denen Sie jedoch wirklich konkreten Nutzen ziehen. Bedenken Sie: Ein zielorientierter, schlagkräftiger Zusammenschluss von zwei oder drei Apothekern kann hilfreicher sein als eine professionell geführte, aber breit gefächerte, bundesweite Kooperation.

Die Grundlage eines Netzwerks können alte Bekanntschaften aus der Studienzeit sein, aber auch Kontakte auf Fachmessen, Seminaren oder Kongressen. Auch Online-Netzwerke wie Xing oder A Small World gewinnen kontinuierlich an Bedeutung.

TIPP

Gesunde Vorsicht sollte an oberster Stelle stehen: Kooperieren Sie mit niemandem, dessen Ziele und Absichten Sie nicht einschätzen können oder dessen weitere Kooperationspartner Sie nicht kennen. Nehmen Sie den Schutz Ihrer Apothekendaten sehr ernst. Geben Sie niemals nachlässig Ihre Umsatz- oder Ertragszahlen an möglicherweise nicht vertrauenswürdige Partner heraus. Vermeiden Sie den Eindruck des einseitigen Profitierens. Networking lebt vom Geben und Nehmen.

5.4 Problembewältigung und Krisenmanagement

Auf dem Weg in die Selbstständigkeit werden immer wieder Krisensituationen kleinerer und größerer Art zu bewältigen sein. Die meisten davon werden mit den angesprochenen Instrumenten eines guten Managements bewältigt werden können. Es kann allerdings sein, dass es zu einer Situation kommt, in der das übliche Krisenmanagement nicht mehr greift. Damit es erst gar nicht so weit kommt, sollten Sie ein »Frühwarnsystem« durch einen guten Steuerberater haben, der anhand der monatlichen BWA Problemsituationen erkennt und Ihnen konkrete Hilfe anbieten kann. Wenn der Steuerberater über Erfahrung im Apothekenbereich und auch über konkrete Vergleichszahlen verfügt, wird er anhand der betriebswirtschaftlichen Kennzahlen in Ihrer individuellen Apotheke den Problembereich (schlechte Einkaufskonditionen, zu hohe Personalkosten, zu hohe Privatentnahmen et cetera) feststellen können. Die meisten Probleme werden sich auch dann noch durch konkretes Gegensteuern beheben lassen.

Wenn aufgrund der eigenen Apothekensituation oder aufgrund des Umfelds (zum Beispiel Eröffnung einer Konkurrenzapotheke) eine lang andauernde Verschlechterung der wirtschaftlichen Situation unvermeidbar ist und sich diese auch durch Gegenmaßnahmen nicht bessern lässt, ist allerdings Vorsicht geboten. Hier sollten Sie bei Ihren Überlegungen auch eine Schließung des Apothekenstandorts in Betracht ziehen. Ein Ende mit Schrecken ist häufig wirtschaftlich sinnvoller, als eine Apotheke mit chronisch schlechten Zahlen langfristig weiter zu betreiben. Dies ist auch insofern wichtig, als Sie eine Apotheke in wirtschaftlichen Notzeiten nicht ohne Weiteres kurzfristig schließen können. Sie haben sowohl die Arbeitsverträge als auch die anderen Geschäftsbeziehungen unter Einhaltung der ordnungsgemäßen Kündigungsfrist zu beenden. Da sich in solchen Krisenzeiten ein Käufer meistens nicht finden lässt oder die Apotheke faktisch nichts mehr wert ist, sollte eine frühzeitige Abwicklung zumindest versucht werden. Hierdurch kann der Verlust in Grenzen gehalten werden.

6 Die Mitarbeiter

Eine der wichtigsten Aufgaben in den ersten Jahren der Apothekenführung ist die Bildung eines erfolgreichen Mitarbeiterteams. Da der Arzneimittelverkauf primär durch die Mitarbeiter erfolgt, wirkt es sich unmittelbar finanziell aus, wenn ein motiviertes und verkaufsstarkes Team am Werk ist. Darüber hinaus sind in diesem Bereich auch »nicht zählbare« Faktoren wie ein gutes Betriebsklima von unschätzbarem Wert.

Im Bereich Personal werden Sie als Arbeitgeber sicherlich die anspruchvollsten und zeitaufwendigsten Aufgaben zu lösen haben, da hier eine Vielzahl von unterschiedlichen Faktoren zu berücksichtigten sind. Sie müssen im Rahmen der Personalbedarfsplanung den individuellen Personalbedarf der Apotheke, abhängig von Arbeitsabläufen, Öffnungszeiten und Kundenfrequenz ermitteln. Des Weiteren haben Sie dafür zu sorgen, dass das Personal auch seiner Qualifikation entsprechend eingesetzt wird. Auch für die Neueinstellung von Mitarbeitern müssen Mittel und Wege der Personalbeschaffung geplant werden. Zudem müssen Sie die Personalkosten im Auge behalten, die den Ertrag aus der Apotheke entscheidend beeinflussen. Zu guter Letzt müssen Sie stets korrekt Ihre Aufgaben als Arbeitgeber wahrnehmen. Ansonsten trifft Sie im Zweifel das Haftungsrisiko.

6.1 Die Personalführung

Die folgenden Tipps sollen Ihnen dabei helfen, Ihre Ziele zusammen mit den Mitarbeitern schneller zu erreichen, Ihre Mitarbeiter zu motivieren, Ihre Vorgaben umzusetzen und eigene Ideen zu entwickeln.

6.1.1 Der Führungsstil

Ein guter Führungsstil sollte je nach Situation und Mitarbeiter anpassungsfähig sein. Sowohl die Arbeitsleistung und die zu erledigenden Arbeitsprozesse als auch die Pflege zwischenmenschlicher Beziehungen sollten Berücksichtigung finden.

Beim autoritären Führungsstil gestaltet der Arbeitgeber die betrieblichen Aufgaben und Arbeitsprozesse, ohne dass die Mitarbeiter in irgendeiner Form beteiligt werden. Er trifft Entscheidungen, ohne hierfür eine Begründung anzugeben, und ist davon überzeugt, dass allein er in der Apotheke unternehmerisch denkt, das größte Fachwissen besitzt und den Betrieb auf Kurs hält. Seine Vorgaben und Weisungen haben den Charakter von Anordnungen und müssen bedingungslos umgesetzt werden. Andernfalls drohen Sanktionen. Der Chef hat hier normalerweise ein distanziertes Verhältnis zum Personal. Informationen werden nur insoweit erteilt, als sie zur Aufgabenerfüllung unbedingt notwendig sind. Die Mitarbeiter oder »Untergebenen« werden als Befehlsempfänger angesehen, sie haben Gehorsam zu leisten.

Beim kooperativen Führungsstil werden die Entscheidungen im Zusammenwirken von Arbeitgeber und Mitarbeitern gestaltet. Der Chef bezieht seine Mitarbeiter mit in die Entscheidungsprozesse des Unternehmens ein. Er erwartet von ihnen Unterstützung und trifft seine Entscheidungen unter Berücksichtigung ihrer Überlegungen und Einwände. Der Chef informiert umfassend und nicht nur über Tatsachen, die für die Aufgabenerfüllung notwendig sind. Die Informationen dienen vielmehr als Führungsmittel.

Ein wesentliches Merkmal dieses Führungsstils ist das Delegieren von Aufgaben an die Mitarbeiter. Zwar nimmt der Arbeitgeber als Chef auch eine Kontrolle der Mitarbeiter vor, allerdings handelt es sich hier eher um eine bloße Erfolgskontrolle als um eine Kontrolle jedes einzelnen Arbeitsschritts. Zudem übernehmen die Mitarbeiter viele Kontrollen von sich aus, da sie bei diesem Führungsstil viel selbstständiger arbeiten.

Die vorgestellten Führungsstile vertreten zwei Extrempositionen. Der autoritäre Führungsstil hat den Vorteil einer hohen Entscheidungsgeschwindigkeit, er ist daher gut für Routinearbeiten einsetzbar. Die Nachteile liegen in der mangelnden Motivation und Selbstständigkeit der Mitarbeiter. Der Arbeitgeber ist ebenfalls viel mehr gefordert. Fehlentscheidungen werden durch das Personal ohne Reflektion umgesetzt. Demgegenüber hat der kooperative Führungsstil den Nachteil, dass die Entscheidungsgeschwindigkeit sehr verlangsamt werden könnte. Aber die Vorteile liegen klar auf der Hand. Die Mitarbeiter sind motivierter und entwickeln aufgrund des selbstständigeren und verantwortungsbewussteren Arbeitens ein höheres Potenzial. Dies dient der Entwicklung der Apotheke und nicht zuletzt Ihrer Entlastung.

BEISPIEL

Wenn man die Mitarbeiter in der Warenwirtschaft nur Arzneimittelpackungen einräumen lässt, man alle kaufmännischen Entscheidungen in diesem Bereich aber selbst trifft, wird das Personal nur Packungen einräumen. Braucht man hierfür eine ausgebildete pharmazeutisch-kaufmännische Angestellte?

Wenn man andererseits die Organisation einer Altenheimbelieferung in einem Mitarbeiter-Ausschuss diskutieren lässt und die Mitarbeiter sich hier über den Arbeitseinsatzplan streiten, werden Sie das Altenheim nicht rechtzeitig akquirieren können und die Nachbarapotheke bekommt möglicherweise den Zuschlag.

In den seltensten Fällen wird einer dieser Führungsstile eindimensional und durchgängig angewendet werden. Vielmehr wird je nach Situation und zu bewältigender Aufgabe teils autoritärer, teils kooperativer geführt. Wichtig für den Arbeitgeber, ganz gleich, ob Einsteiger oder alter Hase, ist, dass er seinen Führungsstil als Instrument der Personalpolitik erkennt und überprüft. Wenn man eher ein autoritärer Typ ist, sollte man sich der Vor- und Nachteile ebenso bewusst sein wie als kooperativer Typ.

Von dem jeweiligen Führungsstil oder Führungsmodell abhängig ist die Herangehensweise an die wichtigen Fragen des Personalmanagements wie das Delegieren von Aufgaben, die Motivation oder die Konfliktbewältigung.

6.1.2 Delegieren von Aufgaben

Zu einer erfolgreichen Personalführung gehört das Delegieren von Aufgaben. Hierzu ist eine umfassende Informations- und Wissensvermittlung an die Mitarbeiter nötig. Ebenso wichtig ist die Bereitschaft der Mitarbeiter, zusätzliche Aufgaben übernehmen zu wollen. Zudem müssen die jeweiligen Ziele der Aufgaben klar definiert werden. Dies ist nicht zuletzt für die notwendige Kontrolle seitens des Arbeitgebers unerlässlich.

Welche Aufgaben muss man delegieren, welche sollte, will und kann man delegieren? Hier ist es ratsam, zunächst die regelmäßig zu erledigenden Aufgaben und Arbeitsschritte zu sammeln und zu ordnen. Verfügt die Apotheke über ein gelebtes Qualitätsmanagementsystem (QMS), ist dies einfach. Ansonsten sollte über die Einführung eines QMS nachgedacht und in diesem Zusammenhang die Aufgabenverteilung überdacht werden.

Alle »typischen« Aufgaben im PKA- oder PTA-Bereich sollten Sie nach Möglichkeit delegieren, da diese ebenso gut oder besser von Ihren Mitarbeitern erledigt werden können. Hierzu gehören zum Beispiel die Verfallsdatenkontrolle, die Schaufensterdekoration, Rezepturen oder das Erledigen von Retouren. Anschließend können Sie überlegen, welche Aufgaben und Arbeitsschritte sich in Ihrer Apotheke noch zur Übertragung auf die Mitarbeiter oder auf einen bestimmten Mitarbeiter eignen. Ist eine Ihrer pharmazeutisch-kaufmännischen Angestellten sehr geschickt in den Verhandlungen mit den Großhändlern und in der Warenwirtschaft? Ist eine Ihrer PTA Diabetes-Spezialistin? Könnte sie auch eine Diabetes-Patientengruppe organisieren und leiten? Ist einer Ihrer Approbierten ein loyaler und wirtschaftlich denkender Mensch? Könnte man ihm die Leitung einer Filiale übergeben und ihm neben der fachlichen auch die wirtschaftliche Führung überantworten?

Aber Vorsicht! Delegieren heißt nicht, dass Sie diese Aufgaben ohne Kontrolle in den Verantwortungsbereich der Mitarbeiter legen. Das Management der übertragenen Arbeiten mit stetiger Kontrolle sowie Verbesserungen im Arbeitsablauf fällt wiederum in Ihren Bereich. Es geht lediglich darum, durch das Delegieren Zeit zu gewinnen, die Sie besser nutzen können. Neben der eigenen Zeitersparnis nutzen Sie das Potenzial der Angestellten und schaffen Motivation.

6.1.3 Motivation

Eines der grundlegenden Ziele der Personalpolitik ist die Motivation der Mitarbeiter. Zur Beschreibung der Motivationen von Menschen hat der US-amerikanische Psychologe Abraham Harald Maslow (1908–1970) 1958 ein Modell entwickelt, das später auch auf das Arbeitsleben übertragen wurde: Die Maslowsche Bedürfnispyramide (Abbildung 6). Dabei bilden die menschlichen Bedürfnisse die »Stufen« der Pyramide und bauen gemäß dieser eindimensionalen Theorie aufeinander auf. Der Mensch versucht demnach, zuerst die Bedürfnisse der niedrigen Stufen zu befriedigen, bevor die nächsten Stufen Bedeutung erlangen.

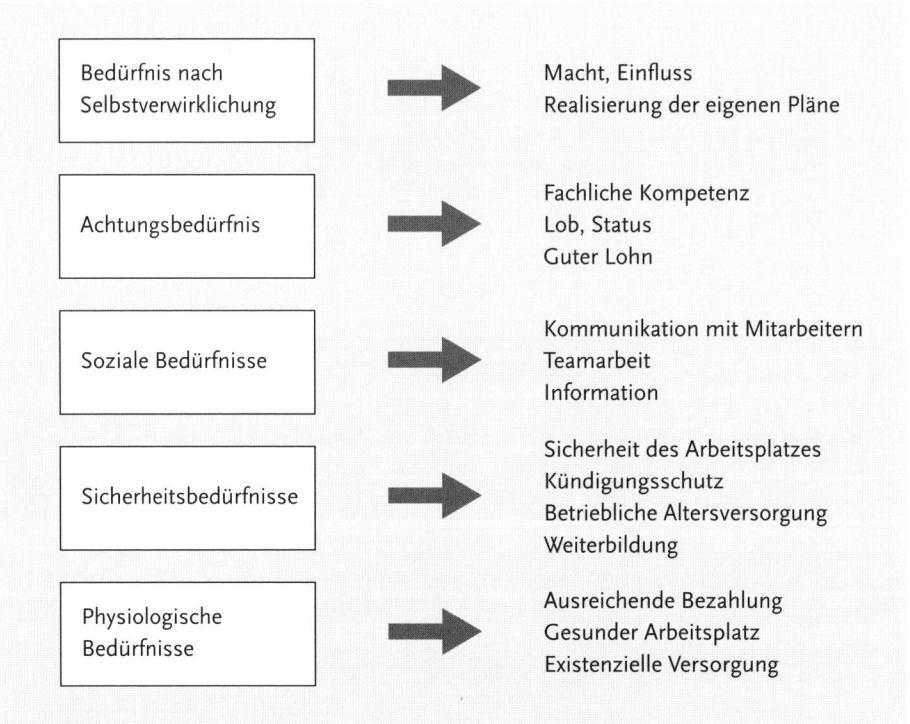

Abb. 6: Bedürfnispyramide von Menschen, modifiziert nach nach A. Maslow

Hiernach werden die Selbstverwirklichungsbedürfnisse wie die Übertragung höherer und verantwortungsvollerer Aufgaben als Wachstumsbedürfnisse gesehen, während die übrigen Bedürfnisse als Defizitbedürfnisse (das heißt, der Mitarbeiter beurteilt ein Fehlen als Defizit) angesehen werden. Wenn die Defizitbedürfnisse nicht voll befriedigt sind, können seelische oder körperliche Erkrankungen eintreten. Sind die Defizitbedürfnisse erfüllt, werden sie von den Mitarbeitern »ausgeblendet« und als selbstverständlich hingenommen. Der Druck, die Wachstumsbedürfnisse zu erfüllen, steigt dann.

Generell kann man demnach seine Mitarbeiter mit jeder Verbesserung der oben genannten Bedürfnisse motivieren. Ein wichtiger Punkt ist hier, wozu man motivieren möchte. Sollen Arbeitsschritte effizienter werden und mit weniger Fehlern behaftet sein? Oder sollen höhere Zusatzverkäufe im OTC-Bereich erzielt werden? Im ersten Fall könnten die betroffenen Mitarbeiter zum Beispiel mit dem Einsatz modernerer Technik, der Übertragung weiterer Befugnisse oder einer Fortbildung im jeweiligen Bereich motiviert werden. Im Fall der Steigerung des Handverkaufs ist eine dauerhafte Motivation sicherlich eher mit einer Beteiligung der Mitarbeiter an der Umsatz/Rohertragssteigerung im Handverkauf zu erreichen. Näheres hierzu im Bereich der sachgerechten Entlohnung und Arbeitsvergütung.

6.1.4 Mitarbeitergespräche

Die zentrale Frage der Personalführung ist der richtige Einsatz der Führungsinstrumente, die dem Arbeitgeber zur Verfügung stehen. Hierzu gehören in erster Linie Weisungen, aber auch Mitabeitergespräche. Richtig eingesetzt, können diese Gespräche ein zentrales Steuerungsinstrument werden.

Bei Mitarbeitergesprächen kann es sich um einen kurzen fachbezogenen Austausch über bestimmte, zu erledigende Arbeitsaufgaben handeln. Gesondert hiervon zu betrachten ist das eigentliche Mitarbeitergespräch, das pro Mitarbeiter einmal im Jahr stattfinden sollte. In der Regel dient es zur Delegation von Aufgaben, zur Motivation oder generell zur Förderung des jeweiligen Angestellten. Ein solches Gespräch sollte von Ihnen gut vorbereitet werden. Der Termin sollte frühzeitig festgelegt werden (mindestens 14 Tage vorher), um auch dem Mitarbeiter die Chance zu geben, sich auf das Gespräch vorzubereiten. Hierzu sollten Sie diesem mitteilen, welche Inhalte konkret besprochen werden. Die Inhalte sollten zum einen das vergangene Jahr widerspiegeln – welche positiven, welche negativen Dinge sind dem Mitarbeiter haften geblieben, was ist ihm wichtig gewesen? Auch Sie sollten hier eine Rückmeldung der vergangenen Arbeitsleistung geben. Waren Sie mit der Arbeitsleistung zufrieden? Was war gut, was ist noch verbesserungswürdig? Zum anderen sollte das kommende Jahr geplant werden. Sie können hier die Ziele vereinbaren, die Sie in dem jeweiligen Arbeitsbereich und mit dem Angestellten verfolgen. Auch die Unterstützung, die der Mitarbeiter benötigt, kann hier abgeklärt werden. Sind Fortbildungen geplant? Wie wird sich der Arbeitsbereich verändern? Welches Ziel hat die Apotheke insgesamt für das folgende Jahr?

Für das Gespräch sollten Sie circa zwei Stunden einplanen. Es sollte nach Möglichkeit nicht in der Apotheke geführt werden, es sei denn, Sie können dort ein Gespräch ohne Störung in einer ruhigen Atmosphäre führen. Achten Sie bei dem Gespräch darauf, dass Sie dem Mitarbeiter genügend Gesprächszeit einräumen, denn Sie wollen viele Dinge erfahren. Trotzdem sollten Sie sich die Gesprächsführung nicht aus der Hand nehmen lassen. Das Ergebnis des Gesprächs sollte schriftlich festgehalten werden. Dies erleichtert das nächste Gespräch. Wenn zum Beispiel vereinbart war, die Retourenquote zu senken und dies nicht geschehen ist, ergibt sich dann im nächsten Gespräch ein Ansatzpunkt hierfür.

Neben diesen Gesprächen mit einzelnen Mitarbeitern sollten regelmäßige Teamgespräche durchgeführt werden. Alltägliche Dinge wie Verkaufsaktionen, Fortbildungen, Organisatorisches et cetera sollten besprochen werden. Sie dienen in erster Linie der Information der Mitarbeiter und der Planung von Arbeitsabläufen. Auch wenn Sie in solchen Terminen »nur« über die Auswirkungen der neuen Gesundheitsreform sprechen oder die Weihnachtsfeier planen; das Team wächst hierdurch zusammen, Informationen werden ausgetauscht und Konflikte eventuell in einem frühen Stadium gelöst.

6.2 Die Personalplanung

Neben der eigentlichen Personalführung ist die Personalplanung und Personalbedarfsplanung von großer Bedeutung. Sie sollten von Anfang an in diesen Bereichen professionell arbeiten, denn hier können Sie mehrere Faktoren gleichzeitig verbessern. Die Grundlage für die Personalplanung bildet zunächst der aktuelle Personalbestand.

6.2.1 Die Personalbeschaffung

In Großunternehmen ist die Personalbeschaffung ein bedeutsamer Teil der Personalpolitik, um auf dem Arbeitsmarkt qualifizierte Arbeitskräfte ausfindig zu machen. Gleiches gilt für Apotheken. In vielen Apotheken ist es üblich, eine einmal gefertigte Standardanzeige mit lediglich der Berufsbezeichnung in einer regionalen Zeitung zu inserieren und auf Erfolg zu hoffen. Selten wird ein bestimmtes Stellenprofil angegeben.

Besser ist es, zunächst die zukünftige Stelle gedanklich durchzuplanen und diese dann so genau wie möglich zu beschreiben. Sie sollten sich über den Stelleninhalt klar sein und im Vorfeld eine exakte schriftliche Stellenbeschreibung entwerfen. Bei dieser Gele-

Stellenbeschreibung

Stelle: PTA in der Adler-Apotheke

1. Persönliche und fachliche Anforderungen

- Ausgebildete pharmazeutisch-technische Angestellte (PTA)
- Zusatzqualifikation Kosmetikerin
- Wünschenswert: Gute Türkischkenntnisse (viele türkischsprachige Patienten)
- Erfahrungen mit POS-Kassensystem
- circa drei bis fünf Jahre Berufserfahrung

»Weiche Faktoren«

- Gute Verkaufskompetenz
- Teamorientiertes Arbeiten
- Flexibilität (unregelmäßige Arbeitszeiten)
- Organisatorische Fähigkeiten

2. Aufgaben

- Handverkauf/Arzneimittelabgabe
- Spezialisierung auf Diabetes
- Unterstutzung von Altenheimbelieferungen
- Unterstützung Apothekengroßhandel

3. Befugnisse/Kompetenzen

- Selbstständige Rezeptabgabe
- Abrechnungen der Kasse
- Selbstständiges Organisieren von Diabetikergruppen

4. Stellenfaktoren

- Vollzeitstelle (40 Stunden) mit Arbeitszeitkonto
- Vergütung: Tarifgehalt
- Übertarifliche Vergütung: Ja (plus 10 Prozent)
- Tarifliche Sonderzahlung

genheit können Sie grundsätzlich alle Arbeitsplätze Ihrer Apotheke definieren und diesen nach Qualifikation der Mitarbeiter ein Stellenprofil zuordnen. Hierin sollten Sie die persönlichen und fachlichen Anforderungen jedes Bewerbers für die bestimmte Stelle festhalten. Auch die einzelnen Aufgaben sollten genau herausgestellt werden. In einem zweiten Schritt können Sie die Ihnen wichtigen sogenannten »weichen Faktoren« auflisten.

Hat man in dieser Form die zu besetzenden und auch bereits besetzten Stellen der Apotheke in Stellenprofilen angelegt, hilft dies zudem bei der Verteilung der Arbeitsaufgaben und für die Arbeit mit QMS.

Auf der Grundlage eines Stellenprofils fällt es im Übrigen leichter, eine passende Stellenanzeige zu entwerfen. Diese darf durchaus von den üblichen Stellenanzeigen insofern abweichen, als den Suchenden möglichst viele Informationen auch über Besonderheiten des Arbeitsplatzes gegeben werden. Die Stellenanzeige sollte – je nach gesuchter Berufsgruppe – entweder in einer regionalen Tageszeitung oder in einer überregionalen Fachzeitschrift platziert werden. Zudem ist es hilfreich, das Personal über eine neu zu besetzende Stelle zu informieren. Hieraus ergibt sich eventuell ein Kontakt zu einer Stellenbewerberin oder einem Stellenbewerber. Auch der Außendienst des pharmazeutischen Großhandels oder die Apothekerkammer beziehungsweise der Apothekerverband können behilflich sein, den passenden Stellenbewerber zu finden.

Es empfiehlt sich, das Stellenangebot zusätzlich auf einer eventuell schon vorhandenen Homepage zu veröffentlichen. Dort können Stellenprofile auch ständig hinterlegt werden. Mit etwas Glück erreichen Sie auf diesem Weg Initiativbewerbungen, auf die Sie zu gegebener Zeit zurückkommen können.

Die eintreffenden Bewerbungsunterlagen sollten Sie sorgfältig lesen. Auch bei einer mündlichen Vermittlung sollten Sie auf einer schriftlichen Bewerbung bestehen. Auf diesem Wege erfahren Sie einfach viel mehr über den Bewerber. Wenn Sie zum Vorstellungsgespräch einladen, sollten Sie mit einem Personalfragebogen arbeiten.

6.2.2 Die Personalbedarfsplanung

Von großer Bedeutung ist die Frage, wie viel Personal derzeit und zukünftig in der Apotheke benötigt wird. Die Beantwortung ist vor allem für den Apothekeneinsteiger schwierig. In einem ersten Schritt sollten Sie theoretisch an die Sache herangehen und den Personalbedarf mit Ihrem Personalkonzept entwickeln. Bei dieser Überlegung spielen folgende Aspekte exemplarisch eine Rolle:

- Möchte ich mit Vollzeit- oder Teilzeitangestellten arbeiten?

- Welche Öffnungszeiten möchte ich mit welchem Personal besetzen?

- Welche Qualifikationen bevorzuge ich (approbiertes Personal, PTA, PKA)?

- Ist eine Altenheimbelieferung geplant? Welches Personal soll diese durchführen?

- Wie soll der Botendienst organisiert sein?

- Wer übernimmt die Notdienste der Apotheke?

- Inwieweit möchte ich meine eigene Arbeitskraft einsetzen?

Nachdem Sie ein solches Personalkonzept entwickelt haben, empfiehlt sich ein Abgleich mit dem aktuellen Personalbestand in der Apotheke. Der notwendige Personalbedarf lässt sich auch auf wirtschaftlicher Basis durch Heranziehen betriebswirtschaftlicher Kennzahlen ermitteln. Mit ihrer Hilfe kann der aktuelle Personalbestand analysiert werden. Entscheidend dafür, ob sich die Personalkosten in einem wirtschaftlich sinnvollen Rahmen befinden, ist der Personalkostenprozentsatz in Relation zum Nettoumsatz. Zwar ist dieser Prozentsatz davon abhängig, ob Sie in der Apotheke vorwiegend hochpreisige oder niedrigpreisige Arzneimittelumsätze tätigen, gleichwohl stellt er jedoch einen ersten Anhaltspunkt dar. Eine Spanne von 9 bis 11 Prozent Personalkosten in Relation zum Nettoumsatz kann als gut bezeichnet werden, 12 bis 13 Prozent ist sicherlich noch im Mittel der Apotheken. Ab 14 Prozent Personalkosten sollte man zumindest überdenken, ob bestimmte Faktoren die Personalkosten in die Höhe treiben. Liegt die Apotheke zum Beispiel in einer Centerlage mit sehr langen Öffnungszeiten von 60 Stunden pro Woche oder mehr? Ist der Ehepartner oder sind sonstige Familienangehörige beschäftigt, deren Gehalt die Personalkosten zusätzlich steigen lassen? Gönnen Sie sich den Luxus eines freien Tags pro Woche? Solche Faktoren sind keinesfalls negativ zu bewerten. Wichtig ist nur, dass Sie die Ursachen der erhöhten Personalkosten kennen und bei Bedarf gegensteuern können.

Nach dieser Vorüberlegung müssen weitere Kennzahlen ermittelt werden. Beim Verkaufspersonal ist interessant, wie viele Kunden pro Mitarbeiter durchschnittlich im Handverkauf bedient werden. Im Backoffice-Bereich ist dies schwieriger zu bewerten, hier könnte eventuell die Packungsanzahl gemessen werden, die pro Mitarbeiter ausgepackt und einsortiert wird. Auf die Apotheke bezogen ist auch die Kundenfrequenz pro Stunde ein maßgeblicher Faktor, um den Arbeitskräftebedarf zu bestimmten Tageszeiten zu ermitteln. Nach Auswertung dieser Kennzahlen, die Sie ohne großen Zeitaufwand dem EDV-System entnehmen können, empfiehlt sich ein Vergleich entweder mit einem branchennternen Benchmarking (können Warenwirtschaftssysteme liefern) oder der Vergleich innerhalb einer Erfa-Gruppe. Auch ein Fachsteuerberater kann Vergleichszahlen zur Verfügung stellen.

TIPP *Vielfach wird innerhalb der Apothekenbranche professionelle Hilfe von Unternehmensberatern angeboten. Aber Vorsicht! Die im Umlauf befindlichen Modelle sind in der Regel für Betriebe mit deutlich mehr Mitarbeitern entwickelt. Häufig sind dann die Ergebnisse auch verfälscht oder berücksichtigen zu wenig die individuelle Situation. Ratsam ist die Ermittlung von eigenen Erfahrungswerten, die Sie regelmäßig mit Kollegen abgleichen sollten. Wenn Sie eine solche individuelle Personalplanung über Ihre gesamte Selbstständigkeit fortführen, sollten Sie mit einer erheblichen Zeit- und Kostenersparnis zu sachgerechten Ergebnissen kommen.*

6.3 Das Arbeitsrecht

Der Hauptanlass für arbeitsrechtliche Gerichtsverfahren ist das Fehlen von klaren schriftlichen Absprachen, beziehungsweise dass das Arbeitsverhältnis an sich nicht auf eine rechtssichere vertragliche Grundlage gestellt wurde. Daher sollten Sie von Anfang an im Personalbereich rechtssichere Verträge schließen und gestalten. Sehen Sie in diesem Zusammenhang auch sorgfältig die Verträge des Vorbesitzers durch.

6.3.1 Personal einstellen

Zu beachten ist das Allgemeine Gleichbehandlungsgesetz. Durch dieses Gesetz ist der Arbeitgeber gehalten, seine Arbeitnehmer gleich zu behandeln und Diskriminierungen aufgrund Geschlecht, ethnischer Herkunft, Rasse, Alter, Behinderung, sexueller Identität, Religion oder Weltanschauung zu vermeiden. Vor allem bei der Stellenausschreibung und Ablehnung von Stellenbewerbern ist Vorsicht geboten. Auch völlig unbeabsichtigt kann hier eine falsche Formulierung in der Stellenanzeige oder eine unbedachte Äußerung im Bewerbungsgespräch dazu führen, dass der abgelehnte Bewerber Schadenersatz von Ihnen verlangen kann, wenn er sich diskriminiert fühlt. Um dies zu vermeiden, sollten Sie bei der Einstellung von Personal genau schriftlich festhalten, warum Sie sich für einen bestimmten Stellenbewerber entschieden haben. Ihre Entscheidung kann sich nur auf fachliche Kriterien stützen. Sollte dann ein abgelehnter Bewerber den Eindruck haben, er wäre aus Diskriminierungsgründen nicht ausgewählt worden, können Sie diese Annahme entkräften.

Wie bereits erwähnt, sollten Sie neues Personal nur mit schriftlichen Arbeitsverträgen einstellen. Schriftliche Arbeitsbedingungen verhindern Streit. Im Übrigen können Sie hier die Vorgaben festlegen, die Ihnen für die Durchführung des Arbeitsverhältnisses wichtig sind.

Weiterhin müssen Sie entscheiden, ob Sie sich vertraglich an den Bundesrahmentarifvertrag für Apothekenmitarbeiter (BRTV) anlehnen möchten. Dies ist eine grundlegende Entscheidung, die für alle wesentlichen vertraglichen Regelungen wie Arbeitszeit, Arbeitsvergütung, Urlaubsregelung et cetera wichtig ist. Der Tarifvertrag ist nur dann zwingend anzuwenden, wenn Sie Mitglied des Arbeitgeberverbandes sind und gleichzeitig der Mitarbeiter Mitglied der zugehörigen Apothekengewerkschaft Adexa ist. Da dies selten der Fall ist, können Sie in der Regel bestimmen, ob der Tarifvertrag angewendet werden soll oder nicht. Dies geschieht durch Festlegung im Arbeitsvertrag im Rahmen einer sogenannten Bezugnahmeklausel:

- ▪ »Auf das Arbeitsverhältnis sollen die Regelungen des Bundesrahmentarifvertrages für Apothekenmitarbeiter ergänzende Anwendung finden.«

- ▪ »Auf das Arbeitsverhältnis sollen die Regelungen des Bundesrahmentarifvertrages für Apothekenmitarbeiter keine Anwendung finden.«

Durch die Wahl der jeweiligen Klausel kann ein Tarifbezug hergestellt werden oder nicht. Grundsätzlich ist zur Anwendung des Bundesrahmentarifvertrages für Apothekenmitarbeiter anzuraten. Zunächst handelt es sich um ein ausgewogenes Regelungswerk, das weder durch Arbeitgeberfeindlichkeit noch durch Arbeitnehmerfeindlichkeit auffällt. Viele Sachverhalte, die in dem Arbeitsverhältnis auftreten können, sind bereits im Tarifvertrag geregelt. Dies schafft Rechtssicherheit. Sie können dann beispielsweise auf die im Tarifvertrag geregelte Vergütung der Notdienstbereitschaft in § 6 BRTV zurückgreifen, ohne sich eine eigene Regelung zurechtlegen zu müssen. Wenn Sie eine Abweichung vom Tarifvertrag wünschen, können Sie dies im Arbeitsvertrag ohne Weiteres vereinbaren. Wenn Sie zum Beispiel statt der tariflichen Sonderzahlung in § 18 BRTV ein Weihnachtsgeld mit Freiwilligkeitsvorbehalt vereinbaren wollen, steht die Bezugnahme auf den Tarifvertrag hier nicht entgegen.

Vor der Einstellung sollten Sie sich entscheiden, ob Sie einen unbefristeten oder einen befristeten Arbeitsvertrag anbieten möchten. Gesetzlich vorgesehen ist üblicherweise der unbefristete Arbeitsvertrag. Es gibt jedoch eine Ausnahmeregelung für bestimmte Fälle, in denen Sie einen befristeten Arbeitsvertrag vereinbaren können.

BEISPIEL

Fall 1: PTA P ist schwanger und nimmt drei Jahre Elternzeit in Anspruch. Sie stellen PTA T für drei Jahre befristet als Vertretungskraft für P ein.

Fall 2: PKA K ist länger erkrankt. Da sie den Arbeitsplatz besetzen müssen, stellen Sie PKA A befristet ein, bis K die Arbeit wieder aufnehmen kann.

In beiden Fällen bietet der befristete Vertrag den Vorteil, dass die Stelle bei der Rückkehr der ausgefallenen Arbeitskräfte nicht doppelt besetzt ist. Der Vertrag der Vertretungskraft endet automatisch mit Rückkehr der ursprünglichen Mitarbeiterin auf ihren Arbeitsplatz. Auch neue Mitarbeiter, die bisher noch nicht in der Apotheke beschäftigt waren, können Sie grundsätzlich bis zu einer Gesamtdauer von zwei Jahren befristet einstellen. Dies bietet den Vorteil, dass Sie für den Zeitraum von zwei Jahren Sicherheit über eine risikolose Beendigung des Arbeitsverhältnisses haben. Insofern ist es ratsam, befristete Arbeitsverträge immer anzubieten, wenn dies im Einzelfall möglich ist.

Keinesfalls verzichten sollten Sie auf die Vereinbarung einer Probezeit. Sie können die Probezeit bis zu einer Gesamtdauer von sechs Monaten vereinbaren. Dieser Zeitraum hat sich zwecks Gewinnung eines ersten Eindrucks (Mitarbeit, Teamfähigkeit et cetera) auch in der Praxis bewährt. Innerhalb dieser Zeit können Sie sich ohne Risiko mit einer kurzen Kündigungsfrist wieder von dem Mitarbeiter trennen.

6.3.2 Die Arbeitszeit

Sie sollten die Vollzeit in Ihrer Apotheke definieren. Üblicherweise beträgt sie zwischen 38 und 40 Wochenarbeitsstunden. Wie bereits angesprochen, entscheidet Ihr Personalkonzept darüber, ob Sie vorwiegend mit Vollzeit- oder Teilzeitkräften arbeiten. Der Vorteil von Vollzeitkräften liegt in der geringeren Quote von Übermittlungsfehlern zwischen den Arbeitskräften. Teilzeitkräfte sind häufig erforderlich, um Spitzenzeiten zu bewältigen. Im Bezug auf Arbeitszeitmodelle sollten Sie durchaus modern arbeiten. Es gibt viele Modelle, die Ihnen helfen, das Personal optimal einzusetzen und Arbeitszeit zu »sparen«. Das in der Apothekenpraxis gängigste (und sinnvollste) Modell ist das Vereinbaren eines Arbeitszeitkontos.

BEISPIEL

Sie haben mit PTA A ein Arbeitszeitkonto dergestalt vereinbart, dass im Durchschnitt auf das Jahr betrachtet 30 Stunden pro Woche gearbeitet werden. Sie zahlen pro Woche eine Vergütung für 30 Wochenstunden. Die Arbeitszeit kann jedoch je nach Bedarf variieren. Dadurch haben Sie den Vorteil, dass A zum Beispiel in den Ferienzeiten im Sommer lediglich 20 Stunden und in den saisonalen Höchstarbeitszeiten wie vor Weihnachten mit 40 Stunden pro Woche arbeiten könnte. Plusstunden und Minusstunden werden pro Woche in einem Arbeitszeitkonto niedergeschrieben und verrechnet. Am Jahresende erfolgt ein Ausgleich.

Ein Arbeitszeitkonto ermöglicht somit eine flexible Arbeitszeitgestaltung, die sowohl dem Inhaber als auch den Angestellten entgegenkommt. Eine weitere Flexibilisierung können Sie durch die Vereinbarung von Abrufarbeit mit Aushilfen oder mit der Vereinbarung von Altersteilzeitmodellen mit älteren Mitarbeitern erreichen.

6.3.3 Die Arbeitsvergütung

Die Arbeitsvergütung stellt für Arbeitgeber und -nehmer einen zentralen und wichtigen Bereich dar. Hier stehen sich grundsätzlich zwei Aussagen gegenüber:

»Personalkosten sind der größte Kostenblock in der Apotheke« und »If you pay peanuts, you will get monkeys!«

Sie haben dementsprechend den Spagat zwischen der Kostenkontrolle einerseits und der finanziellen Motivation des Personals andererseits zu bewältigen. In der Mehrzahl der deutschen Apotheken wird die Vergütung an den Gehaltstarifvertrag des Bundesrahmentarifvertrags für Apothekenmitarbeiter angepasst. Selbst wenn die hohen übertariflichen Gehälter früherer Zeiten nicht mehr gezahlt werden, so ist doch im approbierten Bereich und im PTA-Bereich ein übertarifliches Gehalt von 10 bis 15 Prozent üblich. Bei Approbierten liegt das Gehalt häufig 13 Prozent über Tarif, damit gem. § 6 Ziff. 5 BRVT die Notdienstbereitschaft mit abgegolten ist. Generell gilt der arbeitsrechtliche Gleichbehandlungsgrundsatz: Gleich qualifizierte Mitarbeiter sind auch im Rahmen der Vergütung gleich zu behandeln.

Der Tarifvertrag sieht in § 18 BRTV die Zahlung eines Tarifgehaltes als Sonderzahlung (13. Gehalt) vor. Häufig wird jedoch ein volles Monatsgehalt mit der Novembervergütung geleistet. Aufgrund der Gesundheitsreformen der letzten Jahre und des damit einhergehenden Ertragsverlustes sind viele Kollegen dazu übergegangen, ein Weihnachtsgeld mit Freiwilligkeitsvorbehalt zu vereinbaren. Der Vorteil liegt auf der Hand: Die tarifliche Sonderzahlung kann nur unter bestimmten Voraussetzungen gekürzt werden. Wenn die Zahlung des Weihnachtsgeldes wirtschaftlich nicht mehr geleistet werden kann, kann der Arbeitgeber dieses ohne Begründung streichen.

Ein weiterer Trend lässt sich in den letzten Jahren feststellen: Statt eines festen Gehaltsgefüges nach Berufsjahren wird häufig ein variabler Vergütungsbestandteil mit angeboten.

BEISPIEL

PTA P ist vorwiegend im Handverkauf tätig. Sie erhält Tarifgehalt gemäß Gehaltstarifvertrag. Zusätzlich erhält sie eine Beteiligung an der Steigerung des Umsatzes aus dem Handverkauf.

Wichtig bei der Vereinbarung von variablen Vergütungsbestandteilen ist die Lohngerechtigkeit innerhalb der Belegschaft. Weiterhin ist eine arbeitsrechtlich saubere Festlegung unabdingbar. Hier ist es ratsam, kein zu kompliziertes Vergütungsmodell zu entwerfen. Ein variables Vergütungsmodell muss von den Mitarbeitern auch verstanden werden, um Wirkung zu zeigen! Zudem sollte beachtet werden, dass die Mitarbeiter Anspruch auf Offenlegung aller Zahlen haben, aus denen sich ihre variable Vergütung errechnet. Es ist daher nicht ratsam, eine Beteiligung an dem Gesamtgewinn der Apotheke zu vereinbaren!

Beliebt sind auch die steuerfreien Vergütungsbestandteile. Hierzu gehören zum Beispiel die Gewährung von Benzingutscheinen oder von Geschenken im Rahmen bestimmter Höchstgrenzen sowie die Vereinbarung einer Erholungsbeihilfe oder die Gewährung eines Kindergartenzuschusses. Genaue Angaben hierüber kann Ihnen die Lohnabteilung Ihres Steuerberaters liefern. Bei steuerfreien Gehaltsbestandteilen können Arbeitgeber und Arbeitnehmer Lohnsteuern und Sozialversicherungsbeiträge sparen, wodurch sich ein höheres Nettogehalt ergibt.

6.3.4 Konfliktlösung/Beendigung von Arbeitsverhältnissen

Zu den Aufgaben eines Arbeitgebers gehören auch die Konfliktbewältigung im Personalbereich und das Beenden von Arbeitsverhältnissen. Wenn ein Mitarbeiter häufig Arbeitspflichtverletzungen begeht beziehungsweise nachhaltig für Störungen im Betriebsablauf sorgt, müssen Sie als Arbeitgeber einschreiten.

BEISPIEL PTA P kommt regelmäßig zwei bis drei Minuten zu spät zur Arbeit. Nachdem Inhaber I nach Auswertung der Zeitkontrolle festgestellt hat, dass allein in einem Monat zehn verspätete Arbeitsaufnahmen vorlagen, entschließt er sich zur Erteilung einer Abmahnung.

Die Abmahnung ist sowohl ein Instrument zur Problembeseitigung als auch eine Warnung, dass bei einer wiederholten Vertragsverletzung eine verhaltensbedingte Kündigung folgen kann. Die Abmahnung ist somit Voraussetzung für eine verhaltensbedingte Kündigung. Insofern ist es ratsam, nicht zu lange mit einer Abmahnung zu warten. Wenn Sie das Verhalten eines Mitarbeiters berechtigterweise stört, ist eine Abmahnung geboten. Sie geben dem Mitarbeiter damit die Chance, sich zu bessern. Sollte der Mitarbeiter diese Chance ausschlagen, kann verhaltensbedingt gekündigt werden. Die Erfahrung hat gezeigt, dass eine Abmahnung durchaus Wirkung entfaltet und sich das Verhalten des abgemahnten Mitarbeiters tatsächlich bessert. Insofern sollten Sie nicht vor diesem Mittel zurückschrecken. Wenn Ihnen im Einzelfall eine Abmahnung als zu hart erscheint, gibt es Abstufungen wie das Führen eines Konfliktgesprächs mit dem Mitarbeiter oder die Erteilung lediglich einer schriftlichen Ermahnung.

Bei einer Kündigung ist immer entscheidend, ob das Kündigungsschutzgesetz auf Ihren Betrieb und auf den jeweiligen Mitarbeiter anwendbar ist. Dafür muss der Mitarbeiter mindestens sechs Monate im Betrieb beschäftigt sein. Das Kündigungsschutzgesetz wurde zum 1. Januar 2004 reformiert. Für sogenannte Altarbeitnehmer (Arbeitnehmer, die vor dem 1. Januar 2004 eingestellt wurden) gilt das Kündigungsschutzgesetz, wenn im Betrieb mehr als fünf Altarbeitnehmer beschäftigt sind. Für nach dem 1. Januar 2004 eingestellte Arbeitnehmer gilt das Kündigungsschutzgesetz nur dann, wenn insgesamt mehr als zehn Arbeitnehmer beschäftigt sind. Für die Ermittlung der Arbeitnehmeranzahl ist eine Berechnung nach § 23 Kündigungsschutzgesetz erforderlich.

TIPP

Da selbst die reinen Formalien einer Kündigung (Form und Frist) rechtliche Fußangeln beinhalten, sollten Sie vor dem Ausspruch einer Kündigung stets einen Fachmann zu Rate ziehen. Ansonsten laufen Sie Gefahr, durch reine Formmängel Geld zu verlieren. Die Zahl der arbeitsgerichtlichen Verfahren im Apothekenbereich hat nach dem Beitragssatzsicherungsgesetz 2003 und der damit verbundenen Personalreduzierung sprunghaft zugenommen. Insofern müssen Sie nach dem Ausspruch einer Kündigung regelmäßig mit einer Kündigungsschutzklage rechnen.

Unabhängig von Kündigungen sollten Sie die Personalsituation Ihrer Apotheke stets im Auge behalten. Kündigungen sind oft das letzte Mittel, nachdem andere Personalmaßnahmen vom Arbeitgeber nicht wahrgenommen wurden. Grundsätzlich ist man gut beraten, neu eingestellte Arbeitnehmer sorgfältig zu beobachten und innerhalb der ersten drei Jahre zu entscheiden, ob man langfristig mit ihnen zusammenarbeiten möchte. Ist dies nicht der Fall, sollte auf eine rasche Beendigung des Arbeitsverhältnisses hingewirkt werden.

Bei älteren Arbeitnehmern sollte im Rahmen von Personalgesprächen auch angesprochen werden, wann diese kürzer treten oder in den Ruhestand gehen möchten. Dies kann man mit Vorruhestandsmodellen oder Altersteilzeitarbeit fördern.

6.3.5 Die Personalkosten

Obwohl die Lohnabrechnung der Mitarbeiter in der Regel von einem Steuerberater durchgeführt wird, müssen Sie Kenntnis über die grundsätzliche Zusammensetzung von Personalkosten haben. Personalkosten stellen die Summe aller durch den Einsatz von Arbeitnehmern entstehenden Kosten dar. Die Personalkosten pro Arbeitnehmer setzen sich aus dem eigentlichen Gehalt und den sogenannten Lohnnebenkosten zusammen. Dazu gehören die Kranken-, Renten-, Pflege- und Arbeitslosenversicherung. Im Jahre 2007 fallen folgende Lohnnebenkosten an:

Rentenversicherung		19,9	Prozent
Krankenversicherung		13,3	Prozent (je nach Krankenkasse)
Pflegeversicherung		1,7	Prozent
Arbeitslosenversicherung		4,2	Prozent
Umlage U1+U2*		2	Prozent (je nach Umlagesatz)
	=	41,1	Prozent

* Die Umlage trägt der Arbeitgeber allein, die übrigen Lohnnebenkosten tragen Arbeitgeber und Arbeitnehmer je zur Hälfte

Vor allem bei den Personalkosten ist zu beachten, dass es bei der Vergütung der Mitarbeiter nicht allein bei dem vereinbarten Bruttoentgelt bleibt, denn das Bruttogehalt enthält nur die arbeitnehmerseitigen Abgaben und Beiträge zur Sozialversicherung. Hinzu kommen noch die Arbeitgeberanteile zur Kranken-, Renten-, Pflege- und Arbeitslosenversicherung, die das Bruttogehalt erhöhen. Die Gesamtbelastung des Arbeitgebers errechnet sich somit aus dem Bruttogehalt inklusive der Arbeitgeberanteile zur Sozialversicherung.

Arbeitnehmer: Lohnsteuerklasse I, Krankenversicherung 13,3 Prozent

Arbeitnehmer-Bruttogehalt	**2847,00 Euro**
Lohnsteuer	− 504,16 Euro
Solidaritätszuschlag	− 27,72 Euro
Kirchensteuer	− 45,37 Euro
abzüglich Krankenversicherung	− 214,95 Euro
Pflegeversicherung	− 31,32 Euro
Rentenversicherung	− 283,28 Euro
Arbeitslosenversicherung	− 59,79 Euro
Netto	**− 1 680,41 Euro**
Gehaltsaufwand des Arbeitgebers	
Bruttogehalt	2847,00 Euro
Zuzüglich Arbeitgeberanteile	
zur Sozialversicherung 21,55 Prozent	613,53 Euro
=	**3460,53 Euro**

Aus dem Beispiel ist ersichtlich, dass die Arbeitgebergesamtbelastung eines Arbeitnehmergehaltes, das Bruttogehalt und das Nettogehalt, variiert. Aufgrund der hohen Abgabenbelastung schlagen sich auch Gehaltserhöhungen nicht in dem erwarteten Maße in dem Nettogehalt nieder. Insofern ist die Verwendung von steuerfreien Vergütungsbestandteilen vorteilhaft, da diese die Abgabenlast nicht erhöhen.

7 Das Marketing

Existenzgründer stehen vor der Herausforderung, erst einmal Kunden mit Ihrem Angebot für die eigene Apotheke zu gewinnen. Bei der Übernahme einer bestehenden Apotheke, die den Kunden bekannt ist, fällt dies natürlich leichter; bei einer kompletten Neugründung wird man sich seinen Kundenstamm erst erarbeiten müssen.

Unabhängig davon, ob sich eine Apotheke in der Gründungsphase oder im laufenden Betrieb befindet: Um erfolgreich am Markt bestehen zu können, ist es wichtig, seinen Marktanteil zu sichern und im Idealfall auszubauen. Ein Schlüsselinstrument dazu ist das Marketing. Der Begriff des Marketings leitet sich von »to market«, also vermarkten, ab, und bedeutet nichts anderes, als ein Unternehmen nach Bedürfnissen der Kunden, des Marktes, zu führen. Eigentlich eine Selbstverständlichkeit, denn nur das, was Kunden wollen, werden Sie am Markt auch erfolgreich verkaufen können. Nicht zuletzt durch die bisherige Lektüre werden Sie erkennen, dass in die Führung einer Apotheke viele Faktoren hineinspielen, die eine rein marktorientierte Unternehmensführung stark erschweren. Dennoch: An Ihren Kunden verdienen Sie Ihr Geld, und diesen Umstand sollten Sie bei allen Veränderungen politischer und unternehmerischer Rahmenbedingungen nie aus den Augen verlieren.

Wesentliches Ziel des Marketings ist also, sein Angebot auf die Marktbedürfnisse, also die Bedürfnisse der Kunden, abzustimmen und auf Basis dieser Kundenbedürfnisse sein Leistungsangebot zu positionieren. Stellen Sie sich die Fragen: Wo liegen meine Schwerpunkte, mit wem konkurriere ich, wo sind für mich relevante Marktchancen? Die Positionierung, also die aktive Planung, Gestaltung und Kontrolle der Außenwahrnehmung der Leistungen durch Marketinginstrumente ermöglicht Ihnen die gezielte Bedienung eines (nach Möglichkeit lukrativen) Marktsegments. Ihre Leistungen im Marktsegment wirken dadurch für die Zielgruppe attraktiver, da sie durch die Positionierung in einem klaren Zusammenhang von Leistung und Nutzen für die Zielgruppe gestellt werden.

Wesentlich für eine erfolgreiche Anwendung und Umsetzung von Marketing und den dazugehörigen Instrumenten ist einerseits, diese zielgerichtet im Zuge Ihrer Positionierung und Strategie einzusetzen. Ihnen und auch Ihrem Team muss klar sein, welche Ziele verfolgt werden, welche Schritte dafür zu gehen sind und welcher Schritt wann mit welcher Begründung zu erfolgen hat. Alles andere führt zu einem Verlust von Zeit, Geld und Motivation. Denn warum sollte man sich noch einen Aufwand leisten, der keine Ergebnisse bringt? Andererseits muss der Einsatz einer strengen Ergebnis- und Effizienzkontrolle unterworfen sein. Schon Henry Ford sagte: »Ich weiß, die Hälfte meiner Werbung ist hinausgeworfenes Geld. Ich weiß nur nicht, welche Hälfte.« Auch wenn Marketing, wie Sie sehen werden, deutlich mehr als Werbung ist, stellt Ford hier einen der zentralen Problempunkte des Marketings dar: Der Zusammenhang zwischen Aufwand und Erfolg ist oft nicht direkt sichtbar. Deshalb ist es wichtig, dass Sie Ihre Investitionen in Marketingvorhaben budgetieren. Dieses Budget sollten Sie gemeinsam mit einem Berater Ihres Vertrauens aufstellen, der Sie fachkundig über die Vor- und Nachteile individueller Maßnahmen aufklären kann und im Endeffekt Sie entscheiden lässt, was Sie in Sachen Marketing tun oder lassen wollen. Denn richtig genutzt, kann Marketing Sie beim Erfolg Ihrer Apothekenführung nachhaltig und quantifizierbar unterstützen.

Marketing allein stellt jedoch keine Allzweckwaffe zur Optimierung des wirtschaftlichen Erfolges dar. Es kann aber, ebenso wie optimierter Einkauf, solides Personalmanagement oder ein gutes Netzwerk als kontinuierlicher Unterstützungsprozess die pharmazeutischen Kernkompetenzen Fachwissen und Beratung komplementär ergänzen. Vor allem eine kompetente Grundsatzanalyse leistet im Übernahme- oder Gründungsprozess wertvolle Dienste. Ergänzende Tools wie Rezeptanalyse oder durchdachte Anwendung von Produkt-, Kommunikations- und Preispolitik unterstützen bei zielorientiertem Einsatz die erfolgreiche Betriebsführung.

7.1 Standortanalyse

Effektives Marketing kann nur funktionieren, wenn durch dessen Einsatz vorhandene Kundenbedürfnisse auch tatsächlich befriedigt werden. Dafür ist eine umfassende Marktkenntnis unabdingbar. Für den Existenzgründer bedeutet das eine fundierte Standortanalyse.

Die Standortanalyse zielt auf die Auswahl eines Apothekenstandorts, der die Umsetzung Ihrer Unternehmensziele am Besten ermöglicht. Primäre Elemente sind neben der grundsätzlichen Entscheidung für die regionale Lage der Apotheke lokal umweltbezogene Faktoren. Darunter sind im Wesentlichen folgende fünf Merkmale zu verstehen:

▧ Absatzbezogene Faktoren:
   Viele potenzielle Kunden und Zuweiser in möglichst geringer Distanz

▧ Wettbewerbsbezogene Faktoren:
   Geringer Wettbewerb in der unmittelbaren Nähe

▧ Infrastrukturelle Faktoren:
   Optimale Erreichbarkeit für Kunden

- Immobilienbezogene Faktoren:
  Strukturqualität der Apothekenräume

- Kostenbezogene Faktoren:
  Möglichst günstige Relation zwischen anfallenden Kosten und Umsatz

Da die verschiedenen Faktoren untereinander Konfliktpotenzial aufweisen, werden Sie in der Regel Kompromisse eingehen müssen.

Nachdem Sie einen geeigneten Standort gefunden haben, steht als nächster Schritt die Identifikation Ihrer Zielgruppe an. Dabei stellt die Zielgruppe eine bestimmte Menge von Marktteilnehmern dar, an die sich Ihr Angebot richtet. Um diese ausfindig zu machen, sind vor allem zwei Parameter von Relevanz: einerseits das Angebot Ihrer Wettbewerber. Dies bestimmt Ihre Positionierung sowohl vom Sortiment als auch vom Preis her. Andererseits die Struktur der Zuweiser, also der Ärzte, die in Ihrem Einzugsgebiet liegen. Den nächsten Schritt bilden also Wettbewerbs- und Zuweiserstrukturanalyse. Diese zwei Werkzeuge des Marketings sollten Sie übrigens nicht nur für eine Grundsatzanalyse, sondern vielmehr regelmäßig nutzen, um am Markt stets sicher agieren zu können.

7.2 Wettbewerbsanalyse

Eine Wettbewerbsanalyse im Sinne des Apothekenmarketings dient der Erfassung des wettbewerblichen Umfelds; also der Marktteilnehmer, die den gleichen Markt wie Sie bedienen und damit die begrenzte Anfrage nach Ihrem Angebot reduzieren können. Für Ihr Unternehmen ist vor allem wichtig, sich von anderen Apotheken vor Ort abzuheben. Dem sind enge Grenzen gesetzt, die es gezielt zu nutzen gilt. Nur, wenn Sie in der Lage sind, bei Ihren Kunden ein nachhaltiges Image und Leistungsversprechen zu schaffen, können Sie mit der notwendigen Kundenbindung rechnen, die in Krisenzeiten stetigen Umsatz verheißt. Vor diesem Hintergrund müssen Sie also Ihr eigenes Marktsegment, Ihre Nische finden, in der Sie ausreichenden Umsatz, ohne direkte Konkurrenz fürchten zu müssen, realisieren können. Dieses Segment leiten Sie aus einer dezidierten Analyse Ihrer Mitbewerber ab. Besitzen diese kein klar umrissenes Angebotsprofil? Umso besser: Das versetzt Sie in die Lage, agieren zu können anstatt auf vorgegebene Zustände reagieren zu müssen.

Oft werden Sie jedoch auf mehr oder minder profilierte Apotheken vor Ort treffen. Wenn Ihre Mitbewerber bereits zielgerichtet ein bestimmtes Segment, eine bestimmte Zielgruppe ansprechen, sollten Sie prüfen, inwieweit diese noch für Sie erreichbar ist. Können Sie die Leistungen Ihres Konkurrenten eventuell besser anbieten? Lohnt es sich, eine konfrontative Eroberungsstrategie zu fahren? Oder lebt es sich besser nebeneinander, indem Sie ein anderes Segment bearbeiten und somit in evasiver Strategie eine, vielleicht sogar kooperative Win-Win-Situation generieren?

TIPP

Treten Sie Ihren Wettbewerbern nicht unnötig auf die Füße. Haben Sie aber auch nicht zu viel Respekt vor Platzhirschen, die seit Jahren das lokale Geschäft dominieren. Haben diese wirklich alle Veränderungen in der Zeit ihrer Tätigkeit mitvollzogen oder tun sich nach sorgfältiger Analyse Schwachstellen auf, die Sie mit Ihrem aktuellen Wissen gezielt nutzen können?

Grundsätzlich sollten Sie sich vor Augen führen, dass zu aggressiver Wettbewerb dem Markt nachhaltig Schaden zufügen kann. Preiswettbewerbe sind weder klug noch langfristig möglich, sondern zerstören vor allem das Preisempfinden der Kundschaft. Deshalb ist zu empfehlen, sämtliche grundlegende Entscheidungen, ob produkt-, kommunikations- oder preispolitischer Natur, erst nach sorgfältiger Analyse der Ausgangssituation und potenzieller Folgeszenarien zu treffen, um wirklich den gewünschten Effekt zu erzielen.

7.3 Zuweiserstrukturanalyse

Ein weiteres Instrument zur Zielgruppenfindung ist die Analyse der Zuweiser vor Ort. Voraussetzung ist hier die Kenntnis des Verordnungsverhaltens der einzelnen Arztgruppen, die Ihnen ein guter Berater kurzfristig auf bundesweiter und nach eingehender Analyse auch vor Ort verschaffen kann. Hintergrund dieser Maßnahme ist der Umstand, dass verschiedene Arztgruppen Rezepte qualitativ und quantitativ unterschiedlich verschreiben. Erfahrungsgemäß verschreiben Allgemeinärzte quantitativ am meisten, während Kinderärzte in der Regel Rezepte mit vergleichsweise preiswerten Arzneimitteln verordnen. Vielleicht erscheint eine Lage ohne Allgemein- und Kinderärzte auf den ersten Blick unattraktiv. Sollten jedoch Neurologen oder Urologen, die aufgrund hoher Rezeptwerte hohen Umsatz (aber wenig Spanne) bringen, und Ophthalmologen, HNO-Ärzte oder Dermatologen, die mit gut 30 Prozent Spanne auch Top-Zuweiser sind, vor Ort sein, sieht das Bild schon wieder anders aus. Die Zuweiserstrukturanalyse kann somit wesentliche Impulse für Standort und Positionierung geben.

BEISPIEL

Sie haben per Wettbewerbsanalyse herausgefunden, dass die drei Apotheken in näherer Umgebung eher breit aufgestellt sind; eine davon mit homöopathischem Ergänzungssortiment. Des Weiteren haben Sie bei der Zuweiserstrukturanalyse ermittelt, dass sich eine Praxisgemeinschaft von drei Internisten in Kürze als Diabetologen fortbilden will und dass sich der alteingesessene Kinderarzt mittels Jobsharing einen jüngeren Kollegen ins Boot geholt hat, dem die Idee einer Kooperation mit einer Apotheke für Kindergärten und Schulen gut gefällt. Weiterhin wissen Sie, dass der Allgemeinarzt vor Ort durch seine hohe

Frequentierung sukzessive dazu übergehen wird, im Rahmen seines Regelleistungsvolumens zunehmend preiswertere Arzneimittel zu verschreiben. Zudem plant er. zukünftig vermehrt Nahrungsergänzungspräparate zu empfehlen, die Sie in Ihrem Angebot haben.

Anhand dieser Informationen sollten Sie nun in der Lage sein, ein klares Image Ihrer Apotheke vor Ort zu profilieren. Schwerpunktmäßig könnten Sie zum Beispiel auf die Volkskrankheit Diabetes setzen. Kalkulieren Sie jedoch die Rentabilität eines diabeteslastigen Sortiments durch. Anbieten würde sich auch, mit den Diabetologen im Zuge eines Disease-Management-Programms zu kooperieren. Weiterhin könnten Sie in Betracht ziehen, ein interessantes und breites Angebot an Arzneimitteln für Kinder bereitzustellen und dies auch gezielt durch Aktionen oder Vorträge zu kommunizieren. Auch gemeinsam mit dem Allgemeinarzt könnten Sie Fortbildungen zu Nahrungsergänzungsmitteln oder Ernährungsberatungen anbieten, was auch dem Arzt finanziell zugute kommen würde.

Wertvolle Unterstützung für die Zuweiserstrukturanalyse kann auch Ihr Apothekenrechenzentrum bieten – oftmals sogar ohne zusätzliches Entgelt. Die dort gesammelten Daten umfassen viele interessante und aussagekräftige Zahlen, die teilweise schon strukturiert an Apotheken geliefert werden. Sofern diese noch nicht vorliegen, erkundigen Sie sich gezielt nach Auswertungen über Ursprung und konkreten Wert der von Ihnen bearbeiteten Rezepte. Auch ein Ranking von Ärzten nach Relation zwischen Rezeptmenge und -wert für die Apotheke wird mittlerweile häufig von Rechenzentren angeboten. Dort berät man Sie auch gerne im Hinblick auf weitere Anwendungen Ihrer Daten, zumal auch häufig schon standardisierte, aber interessante Auswertungsmodelle bereitliegen.

7.4 Rezeptanalyse

Auch wenn die wirtschaftliche Bedeutung der Rx-Arzneimittel gegenüber dem OTC- Sortiment nachgelassen hat, kann ein nachfrageorientierter Angebotsmix im Rezeptbereich immer noch gute Umsätze gewährleisten und so zum Gewinn der Apotheke beitragen. Vor diesem Hintergrund müssen Angebot und Lager effizient abgestimmt werden. Aufschlussreich ist hier eine Rezeptanalyse, deren Ziel die Aufschlüsselung der apothekenindividuellen Nachfragestruktur und deren Besonderheiten ist.

Rezepte geben Auskunft über relevante Aspekte wie:

▧ Verschriebene Präparate: Was wird dem Kunden wie oft verschrieben?

▧ Krankenkasse: Lohnt es sich unter Umständen, Kooperationsmodelle mit einer oder mehreren Kassen einzugehen?

▨ Geburtsdatum: Wie ist die Alterstruktur Ihrer Kunden?

▨ Vertragsarzt- beziehungsweise Kassennummer: Welche Ärzte verschreiben welche Präparate?

Eine grundlegende Möglichkeit zur Nutzung dieser Informationen ist die ABC-Analyse Ihrer Kunden. Darunter versteht man die Klassifizierung der Kunden primär nach den Merkmalen Umsatz und Gewinn. Es lohnt sich oftmals, vor allem die Kunden, die hohen Umsatz und Gewinn bringen, gezielt an die Apotheke zu binden. Doch auch aus Kooperationen mit Leistungsfinanzierern können attraktive Vorteile für Sie und Ihre Kunden erwachsen. Auch eine weitere Klassifizierung der Patienten nach Alter kann interessante und relevante Informationen liefern. In Kombination mit der Verschreibung lassen sich so Alters- und Morbiditätsprofile der Kundschaft erstellen, auf deren Grundlage Sie ein zielgruppenrelevantes Sortiment aufstellen und somit die Kundenbedürfnisse bestmöglich befriedigen können. Denken Sie wie bei der Zuweiserstrukturanalyse auch hier wieder an Ihr Rechenzentrum. Sollten Sie noch nicht über für die Rezeptanalyse relevante Daten aus dem Rechenzentrum verfügen, erkundigen Sie sich einfach dort nach Anwendungsmöglichkeiten.

Nach der Grundsatzanalyse folgt der konkrete Einsatz von Marketinginstrumenten. Wirksame Stellschrauben sind die Produktpolitik im Sinne Ihrer Produkt- und Sortimentsauswahl, die Kommunikationspolitik durch Verkaufsförderung und die Preispolitik mittels Preisgestaltung und Preisstrategien.

7.5 Produktpolitik

Aufgabe der Produktpolitik ist es, die Bedürfnisse des Kunden mit den Produkten und Dienstleistungen des Unternehmens zu befriedigen beziehungsweise im Idealfall sogar zu prägen. Mit Ihrem angebotenen Sortiment betreiben Sie bereits Produktpolitik. Die Frage ist, wie gut diese auf die Bedürfnisse Ihrer Kundschaft abgestimmt ist. Zwar schreibt § 15 ApBetrO im Wesentlichen ein festes Grundsortiment vor, dieses können Sie jedoch gezielt mit für Ihre Kunden attraktiven Produkten erweitern (z. B. Eigenprodukte, Produkte mit regionalem Bezug). Hinweise auf geeignete Produkte sollten Sie im Rahmen der Grundsatzanalyse gewonnen haben.

7.6 Kommunikationspolitik

Die Kommunikationspolitik stellt ein sensibles Feld des Marketings dar. Schließlich entscheidet oft dieses Instrument, ob Ihre Leistung für Kunden attraktiv ist oder nicht. Bei mangelnder Beachtung dieses Instruments laufen Sie Risiko, sich Schlüsselmärkte und -kunden entgehen zu lassen. Ein Fehler, den Wettbewerber zu ihrem Vorteil nutzen werden.

Ziel der Kommunikationspolitik ist es, die Kunden wissen zu lassen, dass Sie und Ihr Angebot existieren. Die Kommunikationspolitik erfasst im Wesentlichen alles, was diese Botschaft nach außen trägt und ist somit oft das Erste, was Ihre Kunden von Ihnen zu sehen oder zu hören bekommen – ob es Ihr Apothekenschild, eine Werbebroschüre oder Ihre Internetpräsenz ist.

> **BEISPIEL**
>
> Wollen Sie Ihren Kunden qualitativ hochwertige und hochpreisige Produkte verkaufen, empfiehlt es sich nicht, dies mittels bunter Flyer an alle lokalen Marktteilnehmer mitzuteilen. Dies deckt sich weder mit dem Angebot noch der Positionierung, die Sie kommunizieren wollen. Geeigneter sind persönliche und hochwertige Anschreiben, die Sie ohne Streuverlust gezielt an Ihre potenzielle Kundschaft richten können.
>
> Zudem sollten Sie diese Aktion mit einer verkaufsfördernden Maßnahme unterstützen. Anbieten würde sich zum Beispiel eine dazugehörige Informationsveranstaltung, auf der sich Kunden von der hohen Qualität, die den Preis (und Ihre Spanne) rechtfertigt, überzeugen können.

Das Thema der Verkaufsförderung ist zentral für die Apotheke, da Werbung im großen Stil oftmals zu teuer ist. Zudem ist sie vor dem Hintergrund der Streuverluste, also der Quote, die an Ihrer tatsächlichen Zielgruppe vorbeigeht, auch nur bedingt effizient. Zur Differenzierung: Werbung gibt den Kunden mittels Botschaft oder Produktimage einen Kaufgrund, Verkaufsförderung bietet darüber hinaus durch erklärende Unterstützung oder Darstellung des Produkts einen Anreiz, den konkreten Kauf zu vollziehen oder voranzutreiben. Dabei sind die Grenzen fließend, im Idealfall wird das Produktversprechen der Werbung am Point of Sale durch detaillierte Erklärung oder konkrete Darbietung im Sinne der Verkaufsförderung ergänzt und auf dieser Basis die Kaufentscheidung positiv beeinflusst.

7.7 Preispolitik

Ziel der Preispolitik ist es, durch Preisgestaltung Kaufanreize zu setzen. Beliebtes Instrument im Apothekenmarkt ist es, durch kurzfristiges Preisdumping Marktanteile zu erobern. Was dabei oft nicht berücksichtigt wird, sind die nachhaltigen Folgen für den Markt: Ist der Preis einmal unten, bleibt er dort. Und zwar für lange Zeit.

Der einzige für Sie relevante Preisindikator in der Praxis sollte die aus Ihren Kosten abgeleitete Preisuntergrenze sein. Welche Kosten verursacht die Bereitstellung eines Produktes? Beschränken Sie sich dabei keinesfalls nur auf die in der Apotheke anfallenden Kosten. Kalkulieren Sie vielmehr auch die für Ihre Lebenshaltung notwendigen Entnahmen ein.

TIPP
Vor allem zu Beginn Ihrer Tätigkeit sollten Sie preispolitische Entscheidungen nur unterstützt von einem Steuer- oder Wirtschaftsberater treffen, dem die wirtschaftlichen Verhältnisse im Apothekenmarkt geläufig sind, da diese sich deutlich von den Gegebenheiten anderer Märkte unterscheiden.

Der konkrete Einsatz von Marketinginstrumenten ist immer apothekenabhängig und von daher schwer konkret zu umreißen. Hier sollten Sie auch erfahrene Fachberater für erste Schritte zur Hand nehmen, um dann auf dieser Basis in Zukunft selbstständig erfolgreich zu sein. Wie Sie weiterhin sehen konnten, kommt es beim Marketing vor allem auf grundsätzliche Faktoren an. Wenn Sie Ihre Situation, die Umgebung und Ihre Zielgruppe kennen, wird es Ihnen einfacher fallen, eine klare Marktposition zu besetzen. Damit sind auch viele der weiteren Schritte und Marketinginstrumente einfacher auszuwählen und einzusetzen, denn alles lässt sich an den aus der Positionierung abgeleiteten Zielen messen.

8 Anhang

8.1 Muster-Rechnung

Muster - Pharma GmbH

Muster - Pharma · Postfach 007 · 56068 Koblenz

Schwanen Apotheke
Apothekerin Petra Mustermann
Musterstraße 54

56068 Koblenz

RECHNUNG

Rechnungsnummer:	4711
Rechnungsdatum:	11. 11. 07
Lieferdatum:	11. 11. 07

Zahlungsbedingungen: 10 Tage 2 % Skonto, 30 Tage netto

Menge	Artikel-Bezeichnung	Preis pro Stück	Preis gesamt
2	4000 Fertigspritzen 6 x 0,4 ml	300,00	600,00

Summe	**600,00**
Umsatzsteuer 19 %	**114,00**
Endbetrag EUR	**714,00**

56068 Koblenz
Bahnhofstraße 111
Telefon 02 61/1 10
Telefax 02 61/1 12
koblenz@musterpharma.de

USt.Id.Nr.: DE 15 324 5678

HRB 1234

Checkliste Erteilung Apothekenbetriebserlaubnis

Die folgenden Angaben und beigefügten Unterlagen muss ein Eintrag auf Erteilung einer Apothekenbetriebserlaubnis erhalten:

1. Ein formloser Antrag, versehen mit Anschrift und Telefonnummer des Antragstellers. Weiterhin den Name der Apotheke, nebst Anschrift und dem Datum der geplanten Eröffnung oder Übernahme.

2. Beigefügt werden sollte ein kurzer tabellarischer Lebenslauf mit Angaben über die berufliche Tätigkeit nach Erteilung der Approbation. Den Lebenslauf bitte mit Datum versehen und handschriftlich unterzeichnen.

3. Eine beglaubigte Fotokopie des Reisepasses oder Personalausweises bzw. eine des Staatsangehörigkeitsausweises.

4. Ein amtliches Führungszeugnis zur Vorlage bei einer Behörde.

5. Ein ärztliches Attest, aus dem hervorgeht, dass der Antragsteller nicht in gesundheitlicher Hinsicht ungeeignet ist, eine Apotheke ordnungsgemäß zu leiten.

6. Die Approbationsurkunde in beglaubigter Fotokopie.

7. Eine nach Abschluss der Verträge abzugebende eidesstattliche Versicherung, dass keine Rechtsgeschäfte vorgenommen oder Absprachen getroffen wurden, die gegen § 8 Satz 2, § 9 Abs. 1, §§ 10 oder 11 Apothekengesetz verstoßen. Die eidesstattliche Versicherung kann vor einem Notar oder vor der Genehmigungsbehörde abgegeben werden.

8. Erklärungen und Versicherungen darüber,

   a) ob ein straf- oder berufsrechtliches Verfahren anhängig war oder ist,

   b) ob eine weitere Betriebserlaubnis in Deutschland beantragt wurde,

   c) Mitteilung ob und ggf. an welchem Ort in einem Mitgliedsstaat der Europäischen Union oder in einem anderen Vertragsstaat des Abkommens über den europäischen Wirtschaftsraum oder in einem Vertragsstaat, dem Deutschland und die Europäische Union vertraglich einen entsprechenden Rechtsanspruch eingeräumt haben, eine oder mehrere Apotheken betrieben werden,

   d) Ausschluss vom Fremdbesitz des Antragstellers an anderen Apotheken in Deutschland sowie Ausschluss von Fremdbesitz an der vom Antragsteller aufgrund der beantragten Betriebserlaubnis zu betreibenden Apotheke sowie Ausschluss von Mehrbesitz in Deutschland.

9. Der Nachweis der Verfügung über die erforderlichen Räume,

   a) durch amtlich beglaubigten Grundbuchauszug, aus dem die Eigentumsverhältnisse am Apothekengrundstück ersichtlich sind.

   b) Ein Kauf- oder Mietvertrag im Original oder in beglaubigter Kopie.

   c) Lageplan des Grundstücks mit genauen Ortsangaben.

   d) Maßstabsgerechter Plan der Betriebsräume (Größe und Aufteilung) in zwei facher Ausfertigung.

   e) Aufstellung der Grundflächen der Betriebsräume.

10. Ggf.

    a) Kaufvertrag über Apotheke im Original oder beglaubigte Fotokopie.

    b) Nachweise über Namensänderung (z. B. Heiratsurkunde) in beglaubigter Fotokopie.

    c) Verzicht des Vorbesitzers auf die ihm erteilte Betriebserlaubnis.

    d) GbR oder OHG-Vertrag.

    e) Verzicht auf bereits erteilte Betriebserlaubnis für den Antragsteller.

Hinweis

Auch ein Pächter einer Apotheke braucht eine Betriebserlaubnis. In diesem Fall ist den Unterlagen ein Exemplar des Pachtvertrages beizufügen. Wenn die Apotheke bereits verpachtet war, ist auch eine Verzichtserklärung des Vorpächters auf dessen Betriebserlaubnis einzureichen. Bei der Verwaltung einer Apotheke bedarf es einer Genehmigung. Es sind ggf. ein Erbnachweis und der Verwaltervertrag beizufügen.

Der Antrag ist bei der zuständigen Aufsichtsbehörde einzureichen. (Die o. g. Angaben beruhen auf Angaben von Aufsichtsbehörden. Die Autoren empfehlen, sich vor Beantragung einer Betriebserlaubnis eine Checkliste der zuständigen Behörde aktuell aus dem Internet herunter zu laden.)

8.2 Auswertung Apotheke Mustermann

Dr. Gutberater und Partner Eschborn · Berlin

Apo. Mustermann
Musterstadt

Betriebswirtschaftliche Auswertung   Januar 2007

| | Monatswert | | | | | | Jahreswert | | | | |
| | Januar 07 | | Januar 06 | | Veränderung | | Jan 07 | | Jan 06 * | | Veränderung |
	Euro	Prozent	Euro	Prozent	Euro	Prozent	Euro	Prozent	Euro	Prozent	Euro
Erlöse Tageskasse	30.631	27,62	23.494	23,59	7.137	30,38	30.631	27,62	23.494	23,59	7.137
Erlöse Krankenkasse	80.257	72,38	76.115	76,41	4.142	5,44	80.257	72,38	76.115	76,41	4.142
Erlöse insgesamt	**110.888**	**100,00**	**99.609**	**100,00**	**11.279**	**11,32**	**110.888**	**100,00**	**99.609**	**100,00**	**11.279**
Wareneinkauf	83.309	75,13	84.780	85,11	-1.471	-1,74	83.309	75,13	84.780	85,11	-1.471
Rohgewinn I	**27.579**	**24,87**	**14.829**	**14,89**	**12.750**	**85,98**	**27.579**	**24,87**	**14.829**	**14,89**	**12.750**
Erlöse g./o. Aufschlag/Innenumsätze											
WE g./o. Aufschlag/Innenumsätze											
Rohgewinn II											
Rohgewinn insgesamt	**27.579**	**24,87**	**14.829**	**14,89**	**12.750**	**85,98**	**27.579**	**24,87**	**14.829**	**14,89**	**12.750**
Personalkosten	8.779	7,92	8.900	8,93	-121	-1,36	8.779	7,92	8.900	8,93	-121
Weitere Kosten	6.693	6,04	5.504	5,53	1.189	21,60	6.693	6,04	5.504	5,53	1.189
Betriebsergebnis	**12.107**	**10,92**	**425**	**0,43**	**11.682**	**2748,71**	**12.107**	**10,92**	**425**	**0,43**	**11.682**
Neutrales Ergebnis	-558	-0,50	-534	-0,54	-24	4,49	-558	-0,50	-534	-0,54	-24,00
Vorläufiges Ergebnis	**11.549**	**10,42**	**-109**	**-0,11**	**11.658**		**11.549**	**10,42**	**-109**	**-0,11**	**11.658**
Kalkulatorisches Ergebnis	10.471	9,44	-108,43	-0,11	10.579		10.471	9,44	-108,43	-0,11	10.579
Private Geldverwendung	-3281,67	-2,96	1.253	1,26	-4534,88	-361,86	-3281,67	-2,96	1.253	1,26	-4.535
Verfügbare Liquidität	24.303		33.460				24.303		33.460		

Weitere Informationen zu den einzelnen Positionen entnehmen Sie bitte den folgenden Seiten.

Wirtschaftsjahresbeginn: Januar

Apo. Mustermann, Musterstadt

Ergebnisübersicht   Januar 2007

	Januar 07		Monatswert Januar 06		Veränderung		Jan 07		Jahreswert Jan 06		Veränderung	
	Euro	%	Euro	%	Euro	%	Euro	%	Euro	%	Euro	%
Erlöse Tageskasse 7% USt	1.864,27	1,68	1.794,64	1,80	69,63	3,88	1.864,27	1,68	1.794,64	1,80	69,63	3,88
Erlöse Tageskasse 16%/19% USt	14.035,21	12,66	21.699,18	21,78	-7.663,97	-35,32	14.035,21	12,66	21.699,18	21,78	-7.663,97	-35,32
Erlöse Rechnungsausgang	5.247,43	4,73			5.247,43		5.247,43	4,73			5.247,43	
Erlöse Privatrezepte 7%/16%/19% USt	9.484,48	8,55			9.484,48		9.484,48	8,55			9.484,48	
Gewährte Boni 16%/19% USt												
Erlöse Tageskasse/Rechnungsausg.	**30.631,39**	**27,62**	**23.493,82**	**23,59**	**7.137,57**	**30,38**	**30.631,39**	**27,62**	**23.493,82**	**23,59**	**7.137,57**	**30,38**
Steuerfreie Umsätze												
Erlöse EG - Lieferungen 7% USt												
Erlöse EG - Lieferungen 16%/19% USt												
Erlöse Krankenkasse 7% USt												
Erlöse Krankenkasse 16%/19% USt	75.071,72	67,70	76.114,99	76,41	-1.043,27	-1,37	75.071,72	67,70	76.114,99	76,41	-1.043,27	-1,37
Erlöse Zuzahlungen 19% USt	5.185,26	4,68			5.185,26		5.185,26	4,68			5.185,26	
Erlöse hochpreisig bis 12% Aufschlag												
Erlöse Krankenkasse	**80.256,98**	**72,38**	**76.114,99**	**76,41**	**4.141,99**	**5,44**	**80.256,98**	**72,38**	**76.114,99**	**76,41**	**4.141,99**	**5,44**
Erlöse insgesamt	**110.888,37**	**100,00**	**99.608,81**	**100,00**	**11.279,56**	**11,32**	**110.888,37**	**100,00**	**99.608,81**	**100,00**	**11.279,56**	**11,32**
Wareneingang 7%	1.566,84	1,41	1.450,94	1,46	115,90	7,99	1.566,84	1,41	1.450,94	1,46	115,90	7,99
Wareneingang 16%/19%	78.842,19	71,10	80.432,24	80,75	-1.590,05	-1,98	78.842,19	71,10	80.432,24	80,75	-1.590,05	-1,98
Warennebenkosten			5,90	0,01	-5,90	-100,00			5,90	0,01	-5,90	-100,00
EG Erwerb 7%												
EG Erwerb 16%/19%												
Wareneingang ohne Vorsteuer			10,12	0,01	-10,12	-100,00			10,12	0,01	-10,12	-100,00
Bestandsveränderungen	**2.899,53**	**2,61**	**2.880,99**	**2,89**	**18,54**	**0,64**	**2.899,53**	**2,61**	**2.880,99**	**2,89**	**18,54**	**0,64**
Wareneinkauf	**83.308,56**	**75,13**	**84.780,19**	**85,11**	**-1.471,63**	**-1,74**	**83.308,56**	**75,13**	**84.780,19**	**85,11**	**-1.471,63**	**-1,74**
Rohgewinn I	**27.579,81**	**24,87**	**14.828,62**	**14,89**	**12.751,19**	**85,99**	**27.579,81**	**24,87**	**14.828,62**	**14,89**	**12.751,19**	**85,99**
Erlöse diverse Aufschläge 7%/16%/19%												
Erlöse nicht stb. Innenumsätze												
Sonstige Erlöse												
WE diverse Aufschläge 7%/16%/19%												
WE nicht stb. Innenumsätze												
WE für sonstige Erlöse												
Rohgewinn II												
Rohgewinn insgesamt	**27.579,81**	**24,87**	**14.828,62**	**14,89**	**12.751,19**	**85,99**	**27.579,81**	**24,87**	**14.828,62**	**14,89**	**12.751,19**	**85,99**

Apo. Mustermann, Musterstadt **Ergebnisübersicht** **Januar 2007**

| | Monatswert | | | | | | Jahreswert | | | | | |
| | Januar 07 | | Januar 06 | | Veränderung | | Jan 07 | | Jan 06 | | Veränderung | |
	Euro	%	Euro	%	Euro	%	Euro	%	Euro	%	Euro	%
Löhne												
Gehälter	4.897,37	4,42	4.691,45	4,71	205,92	4,39	4.897,37	4,42	4.691,45	4,71	205,92	4,39
Ehegattengehalt												
Lohnsteuer	51,07	0,05	83,51	0,08	-32,44	-38,85	51,07	0,05	83,51	0,08	-32,44	-38,85
Ges. soziale Aufwendungen	1.634,39	1,47	1.492,30	1,50	142,09	9,52	1.634,39	1,47	1.492,30	1,50	142,09	9,52
Beiträge Berufsgenossenschaft												
Freiw. Sozial. Aufw. LSt-frei												
Freiw. Sozial. Aufw. LSt-pfl.												
Aufwand Altersversorgung												
Vermögenswirksame Leistungen	40,00	0,04	80,00	0,08	-40,00	-50,00	40,00	0,04	80,00	0,08	-40,00	-50,00
Fahrtkostenerstattung	229,00	0,21	220,00	0,22	9,00	4,09	229,00	0,21	220,00	0,22	9,00	4,09
Sonstige Personalaufwendungen	106,86	0,10	12,40	0,01	94,46	761,77	106,86	0,10	12,40	0,01	94,46	761,77
Aushilfslöhne	1.820,00	1,64	2.320,00	2,33	-500,00	-21,55	1.820,00	1,64	2.320,00	2,33	-500,00	-21,55
Personalkosten	**8.778,69**	**7,92**	**8.899,66**	**8,93**	**-120,97**	**-1,36**	**8.778,69**	**7,92**	**8.899,66**	**8,93**	**-120,97**	**-1,36**
Miete												
Nebenkosten												
Mietzuschuss												
Heizung			508,49	0,51	-508,49	-100,00			508,49	0,51	-508,49	-100,00
Strom	100,84	0,09			100,84		100,84	0,09			100,84	
Gas												
Wasser												
Reinigung	32,90	0,03	24,11	0,02	8,79	36,46	32,90	0,03	24,11	0,02	8,79	36,46
Instandhaltung betriebl. Räume												
Sonstige Raumkosten												
Raumkosten	**133,74**	**0,12**	**532,60**	**0,53**	**-398,86**	**-74,89**	**133,74**	**0,12**	**532,60**	**0,53**	**-398,86**	**-74,89**

Apo. Mustermann, Musterstadt

Ergebnisübersicht — Januar 2007

	Monatswert						Jahreswert					
	Januar 07		Januar 06		Veränderung		Jan 07		Jan 06		Veränderung	
	Euro	%	Euro	%	Euro	%	Euro	%	Euro	%	Euro	%
Pachtvorauszahlungen												
Rentenzahlungen												
Pacht/Rentenzahlungen												
GewSt-Vorauszahlungen												
Versicherungen	181,79	0,16	177,14	0,18	4,65	2,63	181,79	0,16	177,14	0,18	4,65	2,63
Beiträge												
Versicherungen und Beiträge	**181,79**	**0,16**	**177,14**	**0,18**	**4,65**	**2,63**	**181,79**	**0,16**	**177,14**	**0,18**	**4,65**	**2,63**
Kosten Rezeptabrechnung			305,92	0,31	-305,92	-100,00			305,92	0,31	-305,92	-100,00
Kosten Inventur												
Kosten Computer	766,05	0,69	751,15	0,75	14,90	1,98	766,05	0,69	751,15	0,75	14,90	1,98
Kosten Kommissionierer												
Kosten Kooperation			88,00	0,09	-88,00	-100,00			88,00	0,09	-88,00	-100,00
Vernichtete Waren												
Apothekenspezifische Kosten	**766,05**	**0,69**	**1.145,07**	**1,15**	**-379,02**	**-33,10**	**766,05**	**0,69**	**1.145,07**	**1,15**	**-379,02**	**-33,10**
Kfz-Kosten Audi A4	1.678,52	1,51	622,49	0,62	1.056,03	169,65	1.678,52	1,51	622,49	0,62	1.056,03	169,65
Sonstige KFZ-Kosten												
Fahrzeugkosten	**1.678,52**	**1,51**	**622,49**	**0,62**	**1.056,03**	**169,65**	**1.678,52**	**1,51**	**622,49**	**0,62**	**1.056,03**	**169,65**
Werbekosten	515,64	0,47	489,94	0,49	25,70	5,25	515,64	0,47	489,94	0,49	25,70	5,25
Geschenke												
Repräsentationskosten	269,63	0,24	289,62	0,29	-19,99	-6,90	269,63	0,24	289,62	0,29	-19,99	-6,90
Bewirtungskosten												
Reisekosten												
Nichtabzugsf. Betriebsausgaben												
Werbe- und Reisekosten	**785,27**	**0,71**	**779,56**	**0,78**	**5,71**	**0,73**	**785,27**	**0,71**	**779,56**	**0,78**	**5,71**	**0,73**

Apo. Mustermann, Musterstadt

Ergebnisübersicht — Januar 2007

Monatswert

	Januar 07 Euro	%	Januar 06 Euro	%	Veränderung Euro	%
Instandhaltung	**108,81**	**0,10**	**106,80**	**0,11**	**2,01**	**1,88**
Abschreibung	496,55	0,45	527,89	0,53	-31,34	-5,94
Sofortabschreibung GWG						
Abschreibung, GWG	**496,55**	**0,45**	**527,89**	**0,53**	**-31,34**	**-5,94**
Porto	346,65	0,31	94,20	0,09	252,45	267,99
Telefon	309,13	0,28	171,81	0,17	137,32	79,93
Telefax						
Bürobedarf	97,42	0,09	148,74	0,15	-51,32	-34,50
Zeitschriften, Bücher			86,17	0,09	-86,17	-100,00
Fortbildungskosten						
Rechts- und Beratungskosten	357,00	0,32	357,00	0,36		
Buchführungskosten	523,00	0,47	356,50	0,36	166,50	46,70
Mieten für Einrichtung						
Nebenkosten Geldverkehrs	71,18	0,06	12,82	0,01	58,36	455,23
Sonst. Betriebl. Aufwand	838,11	0,76	384,82	0,39	453,29	117,79
Verschiedene Kosten	**2.542,49**	**2,29**	**1.612,06**	**1,62**	**930,43**	**57,72**
Gesamtkosten	**15.471,91**	**13,95**	**14.403,27**	**14,46**	**1.068,64**	**7,42**
Betriebsergebnis	**12.107,90**	**10,92**	**425,35**	**0,43**	**11.682,55**	**2746,57**
Warenentnahmen	60,00	0,05	60,00	0,06		
Privatanteil Kfz.	370,00	0,33	370,00	0,37		
Privatanteil Telefon						
Sonstige Privatanteile						
Privatanteile	**430,00**	**0,39**	**430,00**	**0,43**		

Jahreswert

	Jan 07 Euro	%	Jan 06 Euro	%	Veränderung Euro	%
Instandhaltung	**108,81**	**0,10**	**106,80**	**0,11**	**2,01**	**1,88**
Abschreibung	496,55	0,45	527,89	0,53	-31,34	-5,94
Sofortabschreibung GWG						
Abschreibung, GWG	**496,55**	**0,45**	**527,89**	**0,53**	**-31,34**	**-5,94**
Porto	346,65	0,31	94,20	0,09	252,45	267,99
Telefon	309,13	0,28	171,81	0,17	137,32	79,93
Telefax						
Bürobedarf	97,42	0,09	148,74	0,15	-51,32	-34,50
Zeitschriften, Bücher			86,17	0,09	-86,17	-100,00
Fortbildungskosten						
Rechts- und Beratungskosten	357,00	0,32	357,00	0,36		
Buchführungskosten	523,00	0,47	356,50	0,36	166,50	46,70
Mieten für Einrichtung						
Nebenkosten Geldverkehrs	71,18	0,06	12,82	0,01	58,36	455,23
Sonst. Betriebl. Aufwand	838,11	0,76	384,82	0,39	453,29	117,79
Verschiedene Kosten	**2.542,49**	**2,29**	**1.612,06**	**1,62**	**930,43**	**57,72**
Gesamtkosten	**15.471,91**	**13,95**	**14.403,27**	**14,46**	**1.068,64**	**7,42**
Betriebsergebnis	**12.107,90**	**10,92**	**425,35**	**0,43**	**11.682,55**	**2746,57**
Warenentnahmen	60,00	0,05	60,00	0,06		
Privatanteil Kfz.	370,00	0,33	370,00	0,37		
Privatanteil Telefon						
Sonstige Privatanteile						
Privatanteile	**430,00**	**0,39**	**430,00**	**0,43**		

Dr. Gutberater und Partner - Seite 5

Apo. Mustermann, Musterstadt — Ergebnisübersicht — **Januar 2007**

	Monatswert						Jahreswert					
	Januar 07		Januar 06		Veränderung		Jan 07		Jan 06		Veränderung	
	Euro	%	Euro	%	Euro	%	Euro	%	Euro	%	Euro	%
Außerordentliche Erträge	88,00	0,08			88,00		88,00	0,08			88,00	
Erträge aus Beteiligungen												
Sonstige Zinsen und ähn. Ertrag												
Zinsen Vorauskasse												
Erlöse aus Anlageverkäufen												
Grundstückserträge												
Neutrale Erträge	**88,00**	**0,08**			**88,00**		**88,00**	**0,08**			**88,00**	
Außerordentlicher Aufwand												
Zinsen und ähnlicher Aufwand	609,98	0,55	226,52	0,23	383,46	169,28	609,98	0,55	226,52	0,23	383,46	169,28
Zinsaufwand für Darlehen	466,20	0,42	737,26	0,74	-271,06	-36,77	466,20	0,42	737,26	0,74	-271,06	-36,77
Diskontaufwand												
Anlagenabgang Restbuchwert												
Grundstücksaufwand												
Neutraler Aufwand	**1.076,18**	**0,97**	**963,78**	**0,97**	**112,40**	**11,66**	**1.076,18**	**0,97**	**963,78**	**0,97**	**112,40**	**11,66**
Neutrales Ergebnis	**-558,18**	**-0,50**	**-533,78**	**-0,54**	**-24,40**	**4,57**	**-558,18**	**-0,50**	**-533,78**	**-0,54**	**-24,40**	**4,57**
Vorläufiges Ergebnis	**11.549,72**	**10,42**	**-108,43**	**-0,11**	**11.658,15**		**11.549,72**	**10,42**	**-108,43**	**-0,11**	**11.658,15**	
Vorläufiges Ergebnis	11.549,72	10,42	-108,43	-0,11	11.658,15		11.549,72	10,42	-108,43	-0,11	11.658,15	
+ nichtabzugsf. Betriebsausgaben												
+ Wareneinkauf												
- kalk. Wareneinsatz												
+Pachtvorauszahlungen												
- kalk. Pacht												
+ GewSt - Vorauszahlung	-1078,73	-0,97			-1078,73		-1078,73	-0,97			-1078,73	
- kalk. GewSt												
Kalkulatorischer Gewinn	**10.470,99**	**9,44**	**-108,43**	**-0,11**	**10.579,42**		**10.470,99**	**9,44**	**-108,43**	**-0,11**	**10.579,42**	

Dr. Gutberater und Partner - Seite 6

Apo. Mustermann, Musterstadt

private Geldverwendung   Januar 2007

| | Monatswert | | | | | | Jahreswert | | | | | |
| | Januar 07 | | Januar 06 | | Veränderung | | Jan 07 | | Jan 06 | | Veränderung | |
	Euro	%	Euro	%	Euro	%	Euro	%	Euro	%	Euro	%
Privatentnahmen	3.007,00	70,23	1.932,50	60,70	1.074,50	55,60	3.007,00	70,23	1.932,50	60,70	1.074,50	55,60
Sonstige Vorsorgeaufwendungen	776,27	18,13	763,60	23,98	12,67	1,66	776,27	18,13	763,60	23,98	12,67	1,66
Eigenverbrauch	498,40	11,64	487,60	15,32	10,80	2,21	498,40	11,64	487,60	15,32	10,80	2,21
Privatentnahmen I	**4.281,67**	**100,00**	**3.183,70**	**100,00**	**1.097,97**	**34,49**	**4.281,67**	**100,00**	**3.183,70**	**100,00**	**1.097,97**	**34,49**
Ansparung für Tilgungsersatz			563,09	17,69	-563,09	-100,00			563,09	17,69	-563,09	-100,00
Privatentnahmen II (Kapitalansparung)			**563,09**	**100,00**	**-563,09**	**-100,00**			**563,09**	**100,00**	**-563,09**	**-100,00**
Einlagen Allgemein	1.000,00	100,00	5.000,00	100,00	-4.000,00	-80,00	1.000,00	100,00	5.000,00	100,00	-4.000,00	-80,00
Privateinlagen I	**1.000,00**	**100,00**	**5.000,00**	**100,00**	**-4.000,00**	**-80,00**	**1.000,00**	**100,00**	**5.000,00**	**100,00**	**-4.000,00**	**-80,00**
Privateinlagen II (Kapitalrückführung)												
Private Geldverwendung	**-3.281,67**		**1.253,21**		**-4.534,88**	**-361,86**	**-3.281,67**		**1.253,21**		**-4.534,88**	**-361,86**

| Apo. Mustermann, Musterstadt | Liquiditätsberechnung und Über/Unterdeckung | | | | | Januar 2007 | | |

	Monatswert				Jahreswert			
	Januar 07 Euro	Januar 06 Euro	Veränderung Euro	%	Jan 07 Euro	Jan 06 Euro	Veränderung Euro	%
Liquiditätsberechnung								
Vorl. Ergebnis	**11.549,72**	**-108,43**	**11.658,15**		**11.549,72**	**-108,43**	**11.658,15**	
+ Abschreibungen	496,55	527,39	-31,34	-5,94	496,55	527,89	-31,34	-5,94
+ Aufnahme betr. Darlehen	17.500,00	36.000,00	-18.500,00	-51,39	17.500,00	36.000,00	-18500,00	-51,39
- Tilgung betr. Darlehen	1.961,61	4.212,46	-2.250,85	-53,43	1.961,61	4.212,46	-2.250,85	-53,43
- Anlagenzugänge								
+ Anlagenabgänge								
Liquidität Apotheke	**27.584,66**	**32.207,30**	**-4.622,34**	**-14,35**	**27.584,66**	**32.207,00**	**-4622,34**	**-14,35**
- Privatentnahmen I	4.281,67	3.183,70	1.097,97	34,49	4.281,67	3.183,70	1.097,97	34,49
+ Privateinlagen I	1.000,00	5.000,00	-4.000,00	-80,00	1.000,00	5.000,00	-4000,00	-80,00
Private Geldverwendung I	**-3.281,67**	**1.816,30**	**-5097,97**	**-280,68**	**-3.281,67**	**1.816,30**	**-5097,97**	**-280,68**
- Privatentnahmen II (Kapitalansparung)		563,09	-563,09	-100,00		563,09	-563,09	-100,00
+ Privateinlagen II (Kapitalrückführung)								
Private Geldverwendung II	**-563,09**		**563,09**	**-100,00**	**-563,09**		**563,09**	**-100,00**
Private Geldverwendung gesamt	**-3.281,67**	**1.253,21**	**-4.534,88**	**-361,86**	**-3.281,67**	**1.253,21**	**-4.534,88**	**-361,86**
Liquiditätsüber-/unterdeckung	**24.302,99**	**33.460,21**	**-9.157,22**	**-27,37**	**24.302,99**	**33.460,21**	**-9.157,22**	**-27,37**
Über/Unterdeckung								
Private Geldverwendung	-3.281,67	1.253,21	-4534,88	-361,86	-3281,67	1.253,21	-4534,88	-361,86
+ Kalkulatorischer Gewinn	10.470,99	-108,43	10.579,42		10.470,99	-108,43	10.579,42	
= Über(-)/Unterentnahme(+)	**7.189,32**	**1.144,78**	**6.044,54**	**528,01**	**7.189,32**	**1.144,78**	**6.044,54**	**528,01**

| Apo. Mustermann, Musterstadt | Umsatzentwicklung und Betriebsvergleich | | | | | 2006 |

Umsatzentwicklung und Betriebsvergleich 2006 — Apo. Mustermann, Musterstadt

	eigene Apotheke						durchschnittlicher Umsatz aller Apotheken *					
	monatlicher Umsatz		Veränd.	kumulierter Umsatz		Veränd.	monatlicher Umsatz		Veränd.	kumulierter Umsatz		Veränd.
	2006 Euro	2005 Euro	%	2006 Euro	2005 Euro	%	2006 Euro	2005 Euro	%	2006 Euro	2005 Euro	%
Januar	99.609	86.802	14,75	99.609	86.802	14,75	125.481	114.059	10,01	125.481	114.059	10,01
Februar	100.221	105.374	-4,89	199.830	192.176	3,98	115.299	118.308	-2,54	240.780	232.367	3,62
März	104.297	99.148	5,19	304.127	291.324	4,39	136.666	126.623	7,93	377.446	358.990	5,14
April	99.375	91.415	8,71	403.502	382.739	5,42	118.849	126.937	-6,37	496.295	485.927	2,13
Mai	107.030	92.613	15,57	510.532	475.352	7,40	129.352	119.582	8,17	625.647	605.509	3,33
Juni	116.887	93.741	24,69	627.419	569.093	10,25	124.733	126.772	-1,61	750.380	732.281	2,47
Juli	86.523	89.362	-3,18	713.942	658.455	8,43	119.000	126.073	-5,61	869.380	858.354	1,28
August	94.281	86.313	9,23	808.223	744.768	8,52	120.190	118.785	1,18	989.570	977.139	1,27
September	99.847	92.052	8,47	908.070	836.820	8,51	119.187	129.097	-7,68	1.108.757	1.106.236	0,23
Oktober	110.704	96.475	14,75	1.018.774	933.295	9,16	128.335	126.914	1,12	1.237.092	1.233.150	0,32
November	94.764	95.371	-0,64	1.113.538	1.028.666	8,25	126.992	129.245	-1,74	1.364.084	1.362.395	0,12
Dezember	100.991	103.991	-2,88	1.214.529	1.132.657	7,23	132.433	139.108	-4,80	1.496.517	1.501.503	-0,33

* aus technischen Gründen erfolgen die statistischen Auswertungen einen Monat später

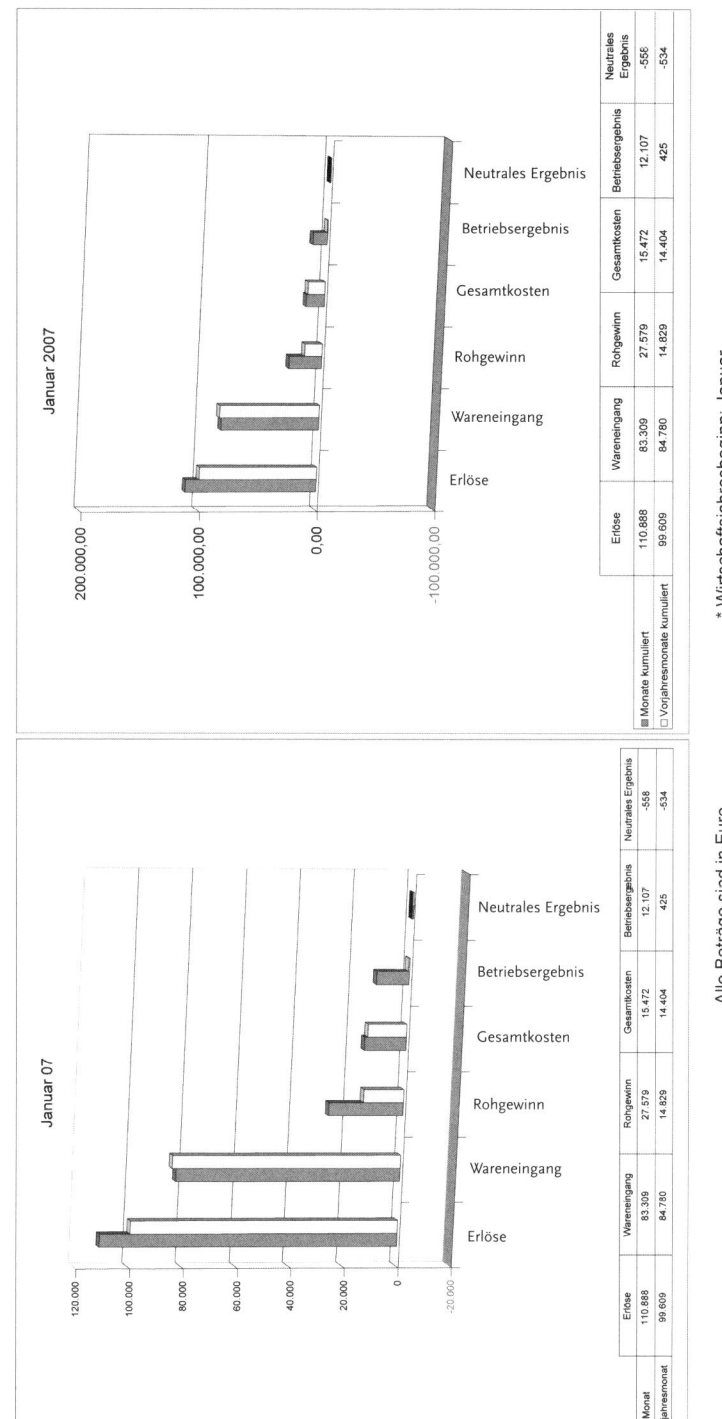

Apo. Mustermann, Musterstadt

Analyse Betriebsergebnis   Januar 2007

Januar 2007

	Erlöse	Wareneingang	Rohgewinn	Gesamtkosten	Betriebsergebnis	Neutrales Ergebnis
Monate kumuliert	110.888	83.309	27.579	15.472	12.107	-556
Vorjahresmonate kumuliert	99.609	84.780	14.829	14.404	425	-534

* Wirtschaftsjahresbeginn: Januar

Dr. Gutberater und Partner - Seite 10

Januar 07

	Erlöse	Wareneingang	Rohgewinn	Gesamtkosten	Betriebsergebnis	Neutrales Ergebnis
lfd. Monat	110.888	83.309	27.579	15.472	12.107	-558
Vorjahresmonat	99.609	84.780	14.829	14.404	425	-534

Alle Beträge sind in Euro.

Apo. Mustermann, Musterstadt	Externer Betriebsvergleich laufender Monat						Dezember 2006					
	eigene Apotheke						Durchschnitt aller Apotheken *					
	Dezember 2006		Dezember 2005		Veränderung		Dezember 2006		Dezember 2005		Veränderung	
	Euro	%	Euro	%	Euro	%	Euro	%	Euro	%	Euro	%
Erlöse Tageskasse	31.934	31,62	29.692	28,55	2.242	7,55	45.716	34,52	46.472	33,41	-756	-1,63
Erlöse Krankenkasse	69.057	68,38	74.299	71,45	-5.242	-7,06	86.717	65,48	92.635	66,59	-5.918	-6,39
Erlöse insgesamt	100.991	100,00	103.991	100,00	-3.000	-2,88	132.433	100,00	139.107	100,00	-6.674	-4,80
Wareneinkauf	68.236	67,57	77.529	74,55	-9.293	-11,99	89.914	67,89	95.258	68,48	-5.344	-5,61
Rohgewinn I	32.755	32,43	26.462	25,45	6.293	23,78	42.519	32,11	43.849	31,52	-1.330	-3,03
Erlöse geringe Aufsch.							3.558	2,69	3.544	2,55	14	0,40
Wareneinkauf							3.639	2,75	3.477	2,50	162	4,66
Rohgewinn II							-81	-0,06	67	0,05	-148	-220,90
Rohgewinn insgesamt	32.755	32,43	26.462	25,45	6.293	23,78	42.438	32,04	43.916	31,57	-1.478	-3,37
Personalkosten	9.592	9,50	12.240	11,77	-2.648	-21,63	15.089	11,39	14.304	10,28	785	5,49
Weitere Kosten	7.814	7,74	4.893	4,71	2.921	59,70	10.362	7,82	10.159	7,30	203	2,00
Betriebsergebnis	15.349	15,20	9.329	8,97	6.020	64,53	16.987	12,83	19.453	13,98	-2.466	-12,68
Neutrales Ergebnis	-491,00	-0,49	-1305,00	-1,25	814	-62,38	-424	-0,32	-602	-0,43	178	-29,57
Vorläufiges Ergebnis	14.858	14,71	8.024	7,72	6.834	85,17	16.563	12,51	18.851	13,55	-2.288	-12,14

* aus technischen Gründen erfolgen die statistischen Auswertungen einen Monat später

Apo. Mustermann, Musterstadt — Externer Betriebsvergleich kumuliert — **Januar 2006 - Dezember 2006**

| | eigene Apotheke | | | | | | Durchschnitt aller Apotheken * | | | | | |
| | Jan 06 - Dez 06 * | | Jan 05 - Dez 05 * | | Veränderung | | Jan 06 - Dez 06 * | | Jan 05 - Dez 05 * | | Veränderung | |
	Euro	%	Euro	%	Euro	%	Euro	%	Euro	%	Euro	%
Erlöse Tageskasse	324.387	26,71	311.833	27,53	12.554	4,03	486.290	32,49	489.941	32,63	-3.651	-0,75
Erlöse Krankenkasse	890.142	73,29	820.824	72,47	69.318	8,44	1.010.226	67,51	1.011.560	67,37	-1.334	-0,13
Erlöse insgesamt	**1.214.529**	**100,00**	**1.132.657**	**100,00**	**81.872**	**7,23**	**1.496.516**	**100,00**	**1.501.501**	**100,00**	**-4.985**	**-0,33**
Wareneinkauf	935.881	77,06	859.255	75,86	76.626	8,92	1.080.500	72,20	1.081.175	72,01	-675	-0,06
Rohgewinn I	**278.648**	**22,94**	**273.402**	**24,14**	**5.246**	**1,92**	**416.016**	**27,80**	**420.326**	**27,99**	**-4.310**	**-1,03**
Erlöse geringe Aufsch.							41.265	2,76	40.762	2,71	503	1,23
Wareneinkauf							40.747	2,72	40.275	2,68	472	1,17
Rohgewinn II							**519**	**0,03**	**488**	**0,03**	**31**	**6,35**
Rohgewinn insgesamt	**278.648**	**22,94**	**273.402**	**24,14**	**5.246**	**1,92**	**416.534**	**27,83**	**420.813**	**28,03**	**-4.279**	**-1,02**
Personalkosten	120.640	9,93	106.230	9,38	14.410	13,56	166.883	11,15	158.131	10,53	8.752	5,53
Weitere Kosten	83.219	6,85	88.490	7,81	-5.271	-5,96	130.163	8,70	125.895	8,38	4.268	3,39
Betriebsergebnis	**74.789**	**6,16**	**78.682**	**6,95**	**-3.893**	**-4,95**	**119.488**	**7,98**	**136.787**	**9,11**	**-17.299**	**-12,65**
Neutrales Ergebnis	-11521,00	-0,95	-9846,00	-0,87	-1.675	17,01	1.478	0,10	106	0,01	1.372	1294,34
Vorläufiges Ergebnis	**63.268**	**5,21**	**68.836**	**6,08**	**-5.568**	**-8,09**	**120.966**	**8,08**	**136.893**	**9,12**	**-15.927**	**-11,63**

Wirtschaftsjahresbeginn: Januar

* aus technischen Gründen erfolgen die statistischen Auswertungen einen Monat später

Dr. Gutberater und Partner - Seite 12

141

Apo. Mustermann, Musterstadt   Struktur von Wareneinkauf, Kosten und Betriebsergebnis   **Dezember 2006**

Dezember 2006

eigene Apotheke

Wareneinkauf
68%

Betriebsergebnis
15%

Sonstige Kosten
8%

Personalkosten
9%

Durchschnitt aller Apotheken

Wareneinkauf
68%

Betriebsergebnis
13%

Sonstige Kosten
8%

Personalkosten
11%

Januar 2006 - Dezember 2006

eigene Apotheke

Wareneinkauf
77%

Betriebsergebnis
6%

Sonstige Kosten
7%

Personalkosten
10%

Durchschnitt aller Apotheken

Wareneinkauf
72%

Betriebsergebnis
8%

Sonstige Kosten
9%

Personalkosten
11%

* Wirtschaftsjahresbeginn: Januar

Dr. Gutberater und Partner - Seite 13

Glossar

Abfindungen
Leistung des Arbeitgebers, die als Ausgleich für den Verlust des Arbeitsplatzes geleistet wird

Abschreibungen
Beträge, mit denen im Laufe der Nutzungsdauer von Anlagevermögen eingetretene Wertminderungen an Vermögensgegenständen erfasst werden und als Aufwand Gewinn mindern

Abschreibungen, degressive
Fallende Abschreibungsbeträge, festgelegter AfA-Satz wird in jedem Jahr erneut vom Buchwert des Vorjahres abgezogen, das Doppelte des linearen Betrags, maximal jedoch 20 Prozent

Abschreibungen, lineare
Gleichmäßige Abschreibungsbeträge

AfA
Absetzung für Abnutzung

Aktiva
Verwendung der Finanzmittel, linke Seite der Bilanz

Anlagevermögen
Gemäß § 247 Absatz 2 HGB alle Vermögensgegenstände eines Unternehmens, die dazu bestimmt sind, dauerhaft dem Geschäftsbetrieb zu dienen, auf Aktivseite der Bilanz

Aufwendungen
Ausgaben einer Unternehmung für die während einer Abrechungsperiode verbrauchten Güter, Dienstleistungen und öffentlichen Abgaben

AV
Anlagevermögen

AVWG
Arzneimittelverordnungs-Wirtschaftlichkeitsgesetz

BSSichG
Beitragssatzsicherungsgesetz

Benchbreaking
Verbesserung eines Objektes oder Prozesses über Benchmark hinaus

Benchmark
Maßstab

Benchmarking
Konzept, um Verbesserungsmöglichkeiten durch Vergleich von Leistungsmerkmalen mehrerer vergleichbarer Objekte oder Prozesse zu finden

BGB
Bürgerliches Gesetzbuch

Bilanz
Stichtagsbezogene Gegenüberstellung von Vermögen und Schulden eines Unternehmers

Buchführung
Planmäßige und lückenlose Aufzeichnung aller Geschäftsvorfälle, die im Unternehmen mit Werten zusammenhängen, in zeitlichem Ablauf mit Inhalts- und zahlenmäßiger Wertangabe

BWA
Betriebswirtschaftliche Auswertung

Cashflow
Um nicht zahlungswirksame Faktoren bereinigter bilanzieller Erfolg

Darlehen
Schuldrechtlicher Vertrag, durch den der Darlehensgeber (Gläubiger) sich verpflichtet, dem Darlehensnehmer (Schuldner) einen bestimmten Geldbetrag zur Verfügung zu stellen

Disagio
Abschlag vom Nennwert bei Ausreichung eines Kredits, in der Regel in Prozent

Effektivzins
Auf Kredithöhe bezogene Gesamtkosten des Kredits

Eigenkapital
Reinvermögen(Nettovermögen) d. h. Summe aller Vermögenswerte abzgl. Schulden

Erträge
Einnahmen, die von einem Unternehmen aufgrund der Erstellung von Gütern und Dienstleistungen einer zeitlichen Periode zugerechnet werden

EStG
Einkommensteuergesetz

Finanzierung
Alle Maßnahmen von der Beschaffung bis zur Rückzahlung finanzieller Mittel sowie damit verbundene Gestaltung von Zahlungs-, Informations-, Kontroll- und Sicherungsbeziehungen zwischen Unternehmen und Kapitalgebern

FK
Fremdkapital

Fremdfinanzierung
bezeichnet alle Finanzierungsvorgänge, durch die einem Unternehmen Fremdkapital zur Verfügung gestellt wird

Fremdkapital
Teil der Mittel, der nicht vom Unternehmen oder dessen Inhabern zur Verfügung gestellt wird

GbR
Gesellschaft bürgerlichen Rechts

Gewinn
Überschuss der Einnahmen über die Betriebsausgaben

Gewinn-und-Verlust-Rechnung
Darstellung von Erträgen und Aufwendungen eines Geschäftsjahres, Nachweis von Art, Höhe und Quellen des unternehmerischen Erfolges

Gewinn/Verlust
Positive/negative Differenz zwischen Erträgen und Aufwendungen eines Geschäftsjahres

GKV-Modernisierungsgesetz
Gesetz zur Modernisierung des gesetzlichen Krankenkassensystems

Gläubiger
Kapitalgeber des Kapitalnehmers

GmbH
Gesellschaft mit beschränkter Haftung

GmbH & Co. KG
Kommanditgesellschaft, deren Komplementär eine GmbH darstellt

GMG
Gesundheitsmodernisierungsgesetz

GOBs
Grundsätze ordnungsgemäßer Buchführung

GuV
Gewinn- und-Verlust-Rechnung

GWG
Geringwertige Wirtschaftsgüter

Handelsgewerbe
Gewerbebetrieb, der einen nach Art und Umfang in kaufmännischer Weise eingerichteten Geschäftsbetrieb erfordert

Handelsspanne
Rohertrag relativ in Prozent

HGB
Handelsgesetzbuch, Sonderprivatrecht der Kaufleute

Investitionen
Zielgerichtete und in der Regel langfristige Kapitalbindungen zur Erwirtschaftung zukünftiger Erträge

IT
Informationstechnologie

Jahresabschluss
Rechnerischer Abschluss eines kaufmännischen Geschäftsjahres, bestehend aus Bilanz und Gewinn-und-Verlust-Rechnung

Kapitalgesellschaft
Form der Betätigung mehrerer natürlicher Personen zur Erreichung eines gemeinsamen wirtschaftlichen Ziels, juristische Person, rechtsfähig

KG
Kommanditgesellschaft

Kommanditist
Nur beschränkt, mit Einlage haftender Gesellschafter einer KG

Komplementär
Gegenüber Gläubigern persönlich und gesamtschuldnerisch für Verbindlichkeiten einer KG haftender Gesellschafter

Korbumsatz
Umsatz pro Bon/Kunde

Leasing
Besondere Vertragsform der Vermietung von Investitions- und Konsumgütern

LG
Landesgericht

Liquidität
Fähigkeit und Bereitschaft eines Unternehmens, bestehenden Zahlungsverpflichtungen termingerecht und betragsgenau nachzukommen

Mindestbestand
Warenbestand, der dauernd vorhanden sein sollte

Nominalzins
Zinssatz, mit dem ein Darlehen zu verzinsen ist

OHG
Offene Handelsgesellschaft

OLG
Oberlandesgericht

Passiva
Herkunft der Finanzmittel, rechte Seite der Bilanz

Personalkosten
Summe aller durch Einsatz von Arbeitnehmern entstehenden Kosten

Personengesellschaft
Zusammenschluss von mindestens zwei natürlichen Personen und/oder juristischen Personen zur Erreichung gemeinsamen Zweckes; keine juristische Person, nur eine eingeschränkte Rechtsfähigkeit

POR
Point of Reordering

POS
Point of Sale

QMS
Qualitätsmanagementsystem

Rationalisierung
Effizienzsteigerung durch bessere Nutzung vorhandener Möglichkeiten

Rechtsfähigkeit
Fähigkeit, Träger von Rechten und Pflichten zu sein

Rentabilität
Verhältnis der Einnahmen zum eingesetzten Kapital

Rohertrag
Differenz von Umsatzerlösen und Wareneinsatz

Schuldner
Unternehmer, der Fremdkapital aufnimmt

Steuern
Abgaben an den Staat ohne konkrete Gegenleistung

Tilgung
Rückführung einer Geldschuld

Überschuss
Überschuss der Einnahmen über die Werbungskosten

Umlaufvermögen
Alle Vermögensteile, die nicht längere Zeit im Betrieb verbleiben, auf Passivseite der Bilanz

Umsatzerlöse
Sämtliche Einnahmen, die im laufenden Geschäftsverkehr erzielt werden

Umsatzsteuer
Steuer zur Besteuerung der Wertschöpfung an einem Wirtschaftsgut

UStG
Umsatzsteuergesetz

UV
Umlaufvermögen

Verbindlichkeiten
Verpflichtungen eines Schuldners gegenüber Gläubigern

VG
Verwaltungsgericht

Wareneinsatz
Sämtliche Wareneinkäufe, einschließlich Bestandsveränderungen in einem bestimmten Zeitraum, größter Kostenfaktor der Apotheke

WaWi
Warenwirtschaft

Wirtschafts-, Geschäftsjahr
gibt den Zeitraum an, für den ein Unternehmen jeweils das Ergebnis seiner geschäftlichen Tätigkeit in seiner Bilanz und Gewinn-und-Verlust-Rechnung (GuV) zusammenfasst. Der Zeitraum beträgt höchstens 12 Monate

Wirtschaftsjahr, abweichendes
Geschäftsjahr muss nicht mit dem Kalenderjahr vom 1.1. bis zum 31.12. übereinstimmen; Finanzamt muss Umstellung des Wirtschaftsjahres zustimmen

Wirtschaftsjahr, Rumpf-
Wird eine Firma im Laufe eines Jahres gegründet und soll das Geschäftsjahr mit dem Kalenderjahr identisch sein, ergibt sich für das Jahr der Gründung ein Rumpfgeschäftsjahr vom Zeitpunkt der Gründung bis zum 31.12. desselben Jahres

Stichwortverzeichnis